百年前的中国

——19世纪大英皇家建筑师 Thomas Allom 笔下的中国画卷

（英）托马斯·阿罗姆　著

宗端华　黄曦　译

廖国强　审译

刘荣跃　编译统筹

中国青年出版社

编者的话

　　1842 年距离今天已经有 174 个年头了,那时候的中国是什么样子的?那时候的人们都是怎么生活的?大家虽然很好奇,但没办法,那个时候没有纪录片,也没有影像资料,看不到真实的场景,光靠脑补我们没法具体想象。现在有一本书可以神奇地带你"穿越"回去亲自目睹一番,这本书就是《百年前的中国》。

　　《百年前的中国》(原文书名:The Chinese empire illustrated)是 19 世纪大英皇家建筑师 Thomas Allom 笔下真实的中国风情画卷。该书由伦敦 Fisher & Son 公司首版于 1842 年,书中有 128 幅版画均为 Thomas Allom 的作品,1858 年再版时添加了 39 幅其他作品。该书以独特的视角真实地反映了当时中国的历史、社会、民俗、文化以及东西方的文化交流。这是"中华盛世"的真实景像,也是他们对这个东方大国的观看角度及想象。这本书在英国一问世,立即成为英国乃至欧洲最著名的绘画本中国历史教科书,是西方主流社会了解中国的主要读物。当时欧洲人关于中国的知识大部分都是从这部书中获得的,中国的圆明园、长城、景山、午门、运河、虎丘塔、雷峰塔、报恩寺、琉璃塔、金山寺、龙舟、灯笼、宴请、婚礼,乃至祭拜、掷骰子……都是经由这本书而流布欧洲的。

　　作者 Thomas Allom(1804-1872 年)是英国皇家建筑师协会的创建人,著名风景画家,其画作气势恢宏,每一幅画对细节真实的再现可媲美照相,而场景的宏阔与震撼则远非照相可及。对 19 世纪的欧洲人而言,中国只是商人、教士和士兵的目的地,赴华的建筑师屈指可数，Thomas Allom 是其中之一。中国之行，让 Allom 发现了宝藏，对一个欧洲人来说，中国的绘画元素之丰富实在超乎想象，这让他亢奋不已，创作佳作无数，并在回国后出版了这本书。书中一百多幅精美的版画，保留了关于 19 世纪中国——这个当时世界上最大帝国的大量珍贵图像记录，更由于其西方人的视角，与我们常见的中国史书记载相比，新意颇多。该书从西方人的角度来看中国，其观点曾极大地影响了英国、欧洲乃致整个西方。这部书的初版时间正是在鸦片战争刚刚结束的那一年，那时的欧洲把中国看作是世界上的"超级大国"，19 世纪前期的欧洲对中国还是具有敬意的，书中的中国还没有被妖魔化，于是我们就看到了这本书中当时的中国的景象。当时的中国社会不安但不动荡，民生凋敝但不破败，中国南北各个城市井然有序，还保持着帝国最后的体面。

当然，由于原作者的立场所限和历史局限性使然，原书中有一些观点和描述是我们不能够接受的，比如关于鸦片战争的问题、比如关于某些中国人国民性的诋毁、比如关于中国人宗教信仰的误会等等，对于这些方面的话题，编者进行了大量删减。另外，由于原书的编排比较杂乱无章，不利于读者阅读，针对这个问题，编者对书的架构进行了重新编排，基本上是按照京杭大运河的走向从北向南，从北京、承德、天津，到扬州、镇江、南京、苏州，再到湖州、杭州，再往南到厦门、舟山、韶州、广州，最后到香港、澳门，一路行一路看，展现了 19 世纪中国的风光、建筑及社会习俗图景，描绘了一幅真实的中国风情画卷。

《百年前的中国》一书胜在图文并茂，纪实且经典，和我们习惯的教科书中的刻板印象大为不同，书中很真实地还原了历史，保留了那个时代中国的大量珍贵图像记录。抛开其他因素不谈，从这本书中我们能看到 19 世纪中国的真实图景和当时官员、百姓的现实生活，是一本不可多得并且非常有意思的书。

圆明园正大光明殿	1		承德普陀宗乘之庙	37
中国长城	4		踢毽子	40
道光皇帝阅兵	8		临清州的西洋景	42
官员的府邸	10		赤城兵营	45
官员家的亭台花园	13		元宵节	48
官老爷出行	15		收受聘礼	50
官邸宴会	17		迎亲队伍	52
官家庭院里的杂耍表演	19		打板子或杖责	55
官宦女眷打牌	21		天津大剧院	58
大家闺秀的闺房	24		长城尽头	61
北海公园	27		东昌府的米贩子	63
西直门	29		扬州渡口	65
北京灯笼铺	31		瓜岛水车	68
通州的猫商和茶贩子	34		中秋祭拜	70

目录

祭祖祀亲　72

江南寒泉山　74

龙舟大赛　76

海官放风筝　78

船过大运河水闸　80

茶艺茶文化　82

茶船装货　86

镇江河口　89

镇江银岛　91

焦山行宫　93

聪明的中国船工　96

南京　98

南京报恩寺塔　100

102　南京秦淮古桥

105　太湖碧螺寺

107　太平昭关

111　天堂行宫

114　苏州府的水稻插秧

116　插秧

119　养蚕选茧

122　煮茧缫丝

125　染丝

127　石门

129　湖州的丝绸庄园

131　浙江富春山

133　金坛纤夫

Contents

西湖	135		166	韶州广岩寺
宁波的棉花种植	140		169	中国商人的园林
弹棉花	143		171	西樵山
定海郊外	145		173	七星岩
远眺宁波城	147		175	大黄口炮台
厦门入口	149		177	珠江黄塔
厦门鼓浪屿	151		179	广州一条街
厦门古墓	154		183	广州丽泉行清泉宫
墓地眺望厦门	156		186	海幢寺的码头和入口
厦门附近的掷骰子游戏	158		189	海幢寺
中国的墓地	160		191	信徒求签问卦
乍浦古桥	162		194	天成路江湖郎中
南普陀寺	164		196	虎贲军

目录

警察与犯人 198　|　215 五马头

审讯犯人 200　|　218 英德煤矿

杖刑 202　|　220 迎春赛会

刑讯逼供 204　|　222 香港竹渠

游街示众 206　|　224 澳门妈阁庙前庭

广东船工斗鹌鹑 208　|　226 妈阁庙

"日月奇观"剧景 211　|　228 澳门贾梅士洞

肇庆府的峡山 213　|　231 从香山要塞远眺澳门

圆明园正大光明殿

　　在中国，皇帝的奢欲看起来是永不餍足的。在这个庞大的国家，大小衙门都有一座气派的殿堂来装点门面，或宫室巍峨、府第栉比，或大厦高兀、雕梁画栋，或错落有致、精妙不言。在这些威严堂皇的殿堂中，圆明园大概是最宏大最奢华的，因为经常在此接待外国藩使的缘故，欧洲人对它的了解比虎丘山的行宫和其他秀美之地更多一些。

　　这座雍容华贵公园的名字非常质朴，叫做"圆明园"，占地十一平方英里，位于北京西北九英里左右。这里有不下三十组独立的皇家宫殿群，每个主殿周围都配有厢房，用以安顿不计其数的大臣、仆人和工匠，为听朝理政、公开召见及日常家政之用。每个建筑群都包括许多相互独立的宫殿，远远看来简直就是一个规模适中的村庄。这种建筑模式缺乏永久性，细看之下，就能发现其缺乏创造，显得小气，即便它是所有帝王宫殿中最奢华宏大的，这番气派也全凭华屋丽舍的海量堆砌，实际上既不庄严又不耐用。

在这三十组描金漆彩的宫殿群中，正大光明殿在大小、装饰和比例上是最引人注目的。正大光明殿建在约四英尺高的花岗岩台阶上，呈椭圆形，长约一百二十英尺，宽约四十五英尺，高二十英尺。台四周环以红漆圆木柱支撑沉重的檐顶，里层一排看起来不那么结实的柱子则标示出厅堂的区域，内排柱子的间隔部分砌着四英尺高的砖墙，形成了主殿的围屏或墙壁。砖墙上方镶着格子框架，框架里糊着高丽纸，可根据气温变化开关。天花板描绘着方形、圆形、多边形和其他几何形状，排列成各种不同的组合，里面填满花哨的颜色。地面工艺简单朴素，铺着漂亮的灰色地砖，棋盘式排列，严丝合缝，毫厘不差。循着一边走过去，大殿最里端是一座平台，正中雄踞着一张柏木精雕细刻而成的鎏金龙椅，透露出一股威严之气，宝座之上是漆着红色、绿色及蓝色的柱子撑起的藻井。门前放置两面大鼓，是正大光明殿陈列的摆设之一，皇帝驾到的时候便咚咚敲响。此外还有一些中国画，一座由伦敦利德贺

街的克拉克打造的英国报时钟，抛光精致的黑檀木杆上插着一对斑雉翅膀制成的圆扇，立于宝座两侧。殿内上方正中悬挂着雍正皇帝手书"正大光明"四字匾额，下方有巨大的"福"字。

园内所有圆柱都没有柱头，无论是大殿内、藻井下还是支撑飞檐的木柱，全都用过梁来代替，过梁上面是伸出斜屋顶外的飞檐，过梁和立柱之间插入了木隔板，隔板上描彩烫金，富丽堂皇。整个建筑顶上罩着一层镀金的丝网，以防止燕子或其它有害物飞入，对飞檐造成破坏。

各组宫殿周围的场地分隔要么自然形成，要么由人工凿石叠山形成，但见低洼成谷，流觞曲水，假山池沼，各种景致，可谓浑然天成，巧夺天工。峻石地岬伸入湖中，谷地则隐入密林之中，好一番文雅的田园景色。满眼望去，庙宇洞穴，亭台轩榭，到处是一幅幅赏心悦目的园艺美景，各种果木布局考究、品目繁多，连树叶颜色的渐变也都考虑周全，不得不说的确称得上是旷世之作。

中国长城

在粗野的原始社会，未开化民族的游牧习惯及复仇行为，使得防御性军事建筑有必要且有效。这种为防御而修建的简单土方工程在很多国家都有，然而这些国家的相关记载要么令人困惑，要么不复存在。米堤亚人、叙利亚人、埃及人、罗马人、皮克特人和威尔士人都有防御墙，亚历山大大帝的后代在里海东面筑了一道边界墙，帖木儿也不敢小看这样的安全屏障，如同天朝上国的长城一样，这道防御线也是为了扼制游牧族鞑靼人的突然进犯。史料的记载一致认定，这些建筑都源于最专制的暴政和最凄惨的奴役。这个事实使考古学家在溯源时少了很多欣喜，也不太想去探究这些野蛮的征服者践踏亿万人自由的动机是什么。伏尔泰把埃及金字塔看作是奴隶制的纪念碑，国家长期以来都在纪念碑的重压下痛苦地呻吟。如果希罗多德讲的是真的，那证明伏尔泰是正确的。古历史学家希罗多德说："在吉萨的一个金字塔里埋葬着基奥普斯的尸骨，另一个金字塔里埋葬着他的兄弟西弗洛里斯，十万劳力耗时二十年筑起这个宏伟的工程，从那时起，埃及人对基奥普斯的回忆里便充满了极大的仇恨。"中国万里长城的建造也伴随着这样的情感和回忆，据说中国每三个人就要征调一个去修建长城，因为缺乏供给，有四十万人死于饥饿、虐待和过度疲劳。中国有一句话成为了这些苦难的纪念，它将这个工程刻画为"一代人的牺牲换来千代人的幸福"。如果把累积的材料和聚集的劳动力数量作为衡量标准，建造金字塔的埃及奴隶们是无法与听从帝国监工命令去建长城的奴隶们相比的。"按平均每户两千立方英尺的砖瓦计算，建造英国住宅需要的所有建筑材料加起来，都不及建造长城需要的材料多。"

长城一直守卫着中国的北疆，但人们却浑然不知这项宏伟工程凝聚了多少人类智慧。公元前 237 年，秦始皇统一中国，登基称始皇帝，并开始修建长城。因为匈奴经常侵扰边境，秦始皇派军追杀到山口，之后派兵驻扎，养兵之时兼修壁垒，以免日后敌军再来袭。因为憎恶这位残暴的君主，有的中国历史学家便拒绝承认他是这个浩大工程的设计者，声称他只负责修建了陕西边界的部分，其他部分则是各国君王封疆而建。这种观点是没有根据的，秦始皇的确是这一世界历史奇迹无可争议的缔造者。

从秦始皇的个人品性来看，他野心勃勃，成就大业，名垂青史，也足以证明他就是长城的真正开创者。他平定周边各国，却唯独不灭齐国，对其形成包围之势并牢牢控制，最后一举歼灭。他殖民日本亦为世人尽知，他曾派一位勇敢的海军将领带领三百个青年男女来到日本，没想到这位将领背信弃义，自立为王。修建长城固然能让他名留青史，正如一些暴君立碑扬名一样，然而秦始皇并不满足于这一切，他要毁灭上古圣王的治世思想，实行一人专政。为了立刻统一中央集

权，他下令焚毁了诸子百家著作。

　　秦长城和北京几乎在同一纬度，东至辽东湾。据说秦始皇下令将装满钢铁的许多船沉入海底充当地基，长城便是在此底座上用巨大的花岗石板修砌而成。向西伸展的长城表面严丝合缝。劳工们被警告说，连接处必须插不进一根钢钉，否则以死论处。墙体风格与北京城墙相似，规格较其他城市更大。秦长城的平均高度约二十英尺，其中护墙约五英尺，下砌十五英尺高的平台或壁垒。基座厚约二十五英尺，墙顶宽约十五英尺。墙身由外墙和内墙构成，空隙间填满泥土、毛石和其他材料。垛墙高六英尺，墙面由花岗岩包砌，墙上体为青色城砖。台阶为砖或石制，可上至平台，可骑马拾级而上。修建长城时，如遇河流就架设石拱桥，有铁栅浅浅地浸入水中有效地阻碍水流；在有山的地方，城墙就沿着最陡峭的山脊而筑，有一处城墙海拔高达五千英尺；在地质平旷易于进攻的地方，则根据需要建双层墙、三层墙或多层墙。在北直隶省，城墙呈梯形结构，外墙用砖封砌。能从海参崴直接入关的杀虎口用砖石垒砌，并建有大型的堡垒。进入陕西后，工程质量开始下降，有些只是用泥土糊成，黄河两岸有烽火台，派兵把守保护周围并防御外敌渡河。越过黄河进入山西省，城墙通常由土坯垒砌，有些险要的关口还有重兵镇守。

尽管许多地方材料结构松散，但在未经重建修缮的情况下，这个绵延五千英里的伟大的国家工程经受住了两千年的时间考验。事实上，当长城内外一统江山的时候，长城本身已经失去了作用，渐渐为人忽略。曾几何时，平息叛乱时长城上有百万把短弯刀闪闪发光，而今朝廷满足于只镇守住通往外国的主要关口。

主要的城门会在内侧加固，外侧由巨大的侧堡保护。每一百码间隔设有堡垒，宽四十英尺、高三十英尺的方形城台上设一层或两层堡垒。长城在渤海方向的第一道关门叫山海关，美丽的山海关坐落在广袤的平原上，它因一位将领通敌勾结辽东的满人进犯自己的国家而历史留名。其他著名的关口还有喜峰口、董家口、张家口，董家口和张家口是清军入关的必经路线，古北口是清朝皇帝到承德避暑山庄的必经之地，马戛尔尼使团曾有幸在此皇家园林被召见。

欧洲旅行者曾记载过长城两处关口的风景，一处是古北口，另一处关口是由荷兰使团的制图员雅布兰·伊代在1705年来华时绘制，来自不同国家的使团都向本国据实禀报了这项雄伟工程，法国的传教士曾将长城的素描图带回国内。以往的文学作品认为马可·波罗之所以只字未提长城，是因为中国根本不存在这样的建筑，但这些不同国家不同时期的证据有力地推翻了这些毫无意义的怀疑。一些大使日志的摘录也证明，是马可·波罗从未到过长城，并非长城不存在。来自威尼斯圣马可图书馆中收藏的马可·波罗行游路线更充分地证明了这一点，马可·波罗是跟随商队沿常规路线从欧洲向东，一路来到撒玛尔罕和喀什，转向东南方穿过恒河来到孟加拉国，然后沿着西藏山脉继续向南，最后经山陕两省抵达北京，连长城的边都没有挨到过。

道光皇帝阅兵

　　政治对立情绪、被统治者的不满情绪及其日益增长的对自由的向往，这些因素综合在一起，足以让皇帝的宝座每天都处在危险当中。八旗军就像巴黎的瑞士守卫队一样按时巡逻，防止通敌或意外发生，皇帝对这些军人明显另眼相看。虽然他们的忠诚从未受到怀疑，并且时刻沐浴着皇恩，但最轻微的滥用职权都可能让他们性命不保。君士坦丁堡土耳其士兵、开罗奴隶的命运也给我们提供了铁证，专制政府的相似之处由此可见一斑。

　　每年新年伊始，皇上都要在北京的皇宫检阅八旗禁卫军。沿着柱廊前面被围起来的台阶，军官排列整齐，道光皇帝端坐在御座上，大臣们环侍左右，满足地看着勇猛的八旗卫士。能够被召来保卫帝王的安危，这些八旗禁卫军想必是展现出了他们最勇敢的一面，但他们的生活方式及散漫作风并没有给自己加分。兵部要他们的将领勇猛如虎，而将领们给士兵披上了虎皮，并给他们的盾牌上画上最猛兽的图案，但他们的制服只不过是一套花里胡哨的戏服，他们的纪律性完全是对兵法的嘲笑。

检阅当天，八旗军官们身着全套制服，这身行头复杂昂贵但并不紧凑。头戴闪亮的头盔，状似倒立的圆锥体，顶部插了一根大约八英寸的羽冠，装饰着金顶和花翎。身着一件蓝色或紫色的丝袍，上面钉有镀金纽扣，把身体裹得严严实实的，脚蹬黑缎做的靴子。刀剑的手柄、弓的弯角以及火绳枪的枪托，全都镶嵌着闪亮的宝石。普通士兵的服装虽没有这么华美，但同样花里胡哨，他们的袍子上缀有虎皮的斑纹，他们的头盔高高耸起，形状像老虎头，竹制的园型盾牌上有浮雕，要么是龙身，要么是虎头。除了小心翼翼地维护他们主子的威严外，这些禁卫军似乎并没有什么别的职责，他们获准在业余时间可以从事商业活动，在宫廷当差也可以互相替班，他们终日生活在紫禁城内，与北京城的汉人区有高墙相隔。

皇宫内的阅兵式气派威严，即便不符合欧洲人的口味，但那些装束仍称得上奢华靓丽。各式旗幡迎风招展，五彩缤纷，士兵们抬着轿子，打着灯笼，举着龙旗，整个场面极其奢华，这就是中国人认为的高贵派头。皇家乐队现场演奏，锣鼓喧天，还有状似龙、蛇、鱼的吹奏乐器，此外还有不计其数的竖笛和琵琶弹奏。

官员的府邸

　　从历史剧场景中看到的中国人的生活方式，远不如从官员府邸内设中了解到的真实而详尽。尽管中国建筑的外部装饰及华丽程度不及古希腊古罗马，但其内部布局却与古希腊古罗马有着惊人的相似之处。天朝的住所并未向罗马借鉴过任何想法，但庞贝古城的残垣断壁充分展示了这一引人注目又不乏趣味的相似。我们不禁好奇，何以他们对居所的描述如出一辙，并且有着近似的生活习惯。

　　庞贝古城的住宅包括客厅、卧室、画廊、书房、浴室和两边放着鲜花灌木的门廊，在房间的墙上画着各种图案，主要装饰是浅浮雕，通常都显得有些病态美，地板用漂亮的马赛克精心镶嵌。这些昂贵的装饰并不能弥补舒适感的缺失，而这正是现代居家所喜爱的。庞贝古城遗址发现的保存完好的迪奥梅德别墅没有玻璃，房间里也没有壁炉。屋顶通常是一个露台，用一道墙围起来。女眷的房间面朝花园，这是东方国家都遵循的习俗。

像古代的意大利一样，中国专门用于家人膳宿的房间数量很多但面积有限，通常呈正方形，位于离大门或前廊最远的角落，以免有外人闯入。从大厅、庭院、门廊到卧室的路总是狭窄曲折，不熟悉的人很难找到。虽然整座房子的材质都不扎实，院墙也容易翻越，然而习俗、习惯以及司法效率却让这些幼稚的设计有了想象中的安全。

这幅插图描绘的是一间内室，老爷、太太、奶娘和孩子都聚集在房间里，一个行货商正在展示他的货物。波斯、印度等东方国家会把最昂贵的地毯铺在地上，房间里靠墙的地方都是墙毯，但在中国，椅子、桌子和沙发都像欧洲那样普遍使用着。主妇坐的椅子是竹制的，坐垫和帷幔是丝绸刺绣的，富裕的一家之主仪态威严地站在女主人身边，似乎刚从靠窗的座椅上站起来，觉得用这个姿势吸烟更自在。尽管在英国人看来，在客厅里抽烟，既不时髦又不文明，但是在中国是非常普遍的，也是允许的。为保持地面清洁，每个房间都摆有痰盂，因为在享受大烟

的过程中总需要清洁口腔。虽然这个妇人热衷于购物，但是她身上的裙子却并不入时，因为时尚在这里尚未赢得胜利，女人服饰的唯一变化就是随着季节而增减。官太太在室内通常是在丝网下穿一件塔夫绸背心，如果要外出，就在背心上加一件绣花丝缎长袍。根据个人喜好，她可以选择不同颜色以及珠宝装饰，当社会上流行某一种样式时，每个人的着装基本都趋于一致。她们最为重视的是头饰，头发紧紧盘在一起，用油抹得光洁平滑，用金簪或银簪固定。额头上戴一头带，有点像苏格兰玛丽女王的帽子，天鹅绒的帽舌缀以钻石、珍珠及假花。当出访或有访客登门时，她们会身着礼服，戴上耳环，肩上挂一串香珠，这也是礼服装饰品的一部分。

即便是再没有见识的人，也不会误把女仆误认作女主人，女仆一般在手腕上戴一个铜手镯，以示区别。她照看的小孩子是家里的希望，小孩子头上的两个小辫子让他看起来有些滑稽。一个仆人正端着准备给那位行商的茶和点心走进房间，中国人的习惯总是慷慨大方和殷勤好客的。

官员家的亭台花园

　　图中这处院落是优雅别致的典范，它集中体现了中国艺术家的全部想象力，其原型是皇亲安立波家族的宅邸。

　　前景是专供府里女眷使用的宽敞的阳台，放眼望去是大片令人赏心悦目的水域，环绕湖水的建筑用镶花格木柱支撑。右边是迎宾楼，双层屋顶将其点缀得分外喜人。中间有一座大气宽敞的拱桥，桥的上方可以看到一座高高的宝塔，这种新奇别致的屋顶在中国应用广泛，借鉴的是倒扣的莲花钟形状，门窗的样式让其看起来效仿得很自然。由于莲花是佛教崇拜的对象，中国人很喜欢在相关的建筑中引入莲花的形状。

　　自古桑叶给这个民族带来了诸多好处，因此也有足够的理由入选
为建筑装饰，桑叶形状甚至出现在了富贵人家的门廊和窗扉上。有很
多装饰和摆设，诸如巨大的瓷瓶、华丽的灯笼以及镀金的神像，都是
从佛教寺庙的装饰中借鉴过来的。中国的栏杆窗格等装饰引入英格兰
已经近四十年了，它有一个奇怪但好记的名字"特拉法加式"，常被
用于最古香古色的细木家具。安立波宅邸的花架和阳台匠心独运地使
用了这种深受欢迎的装饰，有一部分是模仿扭曲的树枝。

　　从迎宾楼的楼梯下来，有一条别出心裁的通往家庭内室的门廊，
除了男性家属外，其他男性很少跨过这道界限。阳台的左边是卧室及
其他附属建筑，一道叶子形状的门廊通往那里。房子的正门完全敞开，
只由一道花格屏风挡着。门和窗有正方形，也有圆形。

官老爷出行

在东方国家，无论是私事还是公差，轿子是达官显贵出行的主要交通工具。因为没有平整便捷的大路，所以他们很少用马车，而且人们对旅行并不热衷。在这个人口众多的古老国家，人们一直恪守着权贵与平民百姓之间的距离，根本不想缩小这个鸿沟。底层人民被贬与牲畜为伍，而官员从不肯屈尊步行，哪怕是咫尺之距，也要乘轿前往。

英国著名的外交大使马戛尔尼勋爵，就曾被坐在轿子里的天朝皇帝深深震撼。皇帝的轿子和这幅插图中官员乘坐的轿子很类似，"在皇上驾到之前，会有马队载着弓箭手先行，不一会儿，一顶轿子就映入眼帘，上面饰盖着明黄的布，还有装饰着玻璃板的窗户。八人抬轿，

另有八人随从，随时准备替换。轿子由一队穿黄制服的骑兵护卫，还有持盾牌的人跟随。"

官员纷纷模仿开始乘轿子。中国官员出行的情形，尽管在很多方面与英国贵族相同，但有些地方依然非常独特。轿子通常是敞开的，但披着帷帘，缀着流苏，一张交织着银线的丝网覆盖在轿顶，顶部有一圆球。两根长竹竿的两头分别穿过轿子两侧的锁扣，用绳索连在一起，一根短竹竿从绳索下面穿过，短竹竿的两端扛在轿夫的肩膀上，这样就把轿子的重量平摊到四个轿夫身上，另外四个轿夫跟在一旁，当抬轿的四个人稍微显露出一点疲态，就随时准备换班。轿夫的数量是有限制的，要么受制于当地法规，要么受限于舆论，通常只有皇帝才有乘坐八抬大轿的特权。这种对礼数的尊重和英国相同，英国只有王室成员才有资格在所有公开场合乘坐八匹马拉的马车，其他高级贵族最多用六匹马拉车。

一群仆人走在轿前，有的敲锣，有的高声吆喝，让闲杂人等给轿子让道，此外还有一众打伞或拿着锁链威慑周围看热闹的百姓，要求他们垂首肃立道旁。轿子抵达被拜访官员的门口，跟班的会递上一张红色的长简，如果被拜访者正在办丧事，就用白色竹简和蓝色字体，上面写着主人的姓名和头衔，并声明来意。假如来人头衔显赫，被访的官员会亲自到门外迎接；如果来人头衔小，被访的官员就会表现得不那么热情。这种区别并非中国特有，那些文明程度更高的国家也普遍如此，而且由来已久。

熟人之间打招呼的方式分外有礼，双手抱拳或合什，互致问候，嘘寒问暖，最谦恭的人还会行跪拜礼。拜访结束后，到访者回到轿中，再重复同样的礼节，当然顺序刚好反过来。

官邸宴会

　　不同于节俭的普通人家，满清官员的官邸更像是艺术品的陈列馆。官员因智力超群而得以晋升，更需品德高尚才能保住官位，但官员府邸所呈现出的浮华，显然不符合他们所应具备的高洁品质。官邸中的餐厅及其他各房间的家具都很名贵，墙壁和天花板上装饰着硬木细工雕刻的浮雕图案和色泽鲜艳的墙纸。桌子是一张雕花结构支撑的大木板，上面摆满了各种各样的装饰品，插着鲜花和熏香的瓷瓶置于玻璃、陶瓷或白银制成的雕花托盘上，托盘置于桌子正中，周围留出位置摆放每位客人的碗筷。虽然亚洲人一般很少使用椅子，在官宦人家，椅子是重要组成部分，且有丝绣或天鹅绒的垫子和靠垫，东道主坐在餐桌的正面，座椅略高于客座，客人坐在餐桌的两边，与欧洲文明国家一样。

　　宴会上的言行总是为礼仪所累。东道主向宾客敬酒，宾客回敬，出于尊重，东道主甚至会给客人夹菜，他的一举一动被每位宾客看在眼里，宾客也受他影响，相应回礼。如果不是因为生病或是公干，拒绝宴请是不可以的，缺席者会特地将份礼送到东道主府上。中国的宴席里有很多拼盆和杂烩，不是一次性摆上桌，而是放进瓷碗里用托盘接连端上来。当东道主起身举杯祝酒，来宾回敬，宴会就正式开始了。仆人端上奶油蛋羹和果脯，接着上汤，要么是母马奶血汤，要么是粉条汤或清淡的燕窝汤，亦或更高级的酱香牛肉笼。下一道菜包括鱼翅、燕窝、鹿筋和其他被认为是特别有营养的菜，接着是肉汤，汤里可能是剖开的家禽，有的烤过，有的炖过，油里飘着家禽肝脏、没有孵化的小鸡以及小狗肉。糕点供应充足，荞麦粉做的糕点口感极为清淡，色泽洁白如雪。水果是冰冻过的，只有京城才能享受这种奢华。米做的清酒用瓦罐呈上，尝起来像雪利酒。倒酒的时候，一个仆人单膝跪地，将酒倒入瓷杯中，喝温酒。当宴会上有英国大使的时候，桌上会摆放瓷勺和银叉，但中国人吃饭最常用的工具是筷子，不管是固体食物还是流质食物，都可以用筷子送到嘴里。

　　宴会期间有戏班子在房间一头候着，班主呈上剧目单。不管哪出戏，演出中总有各种噪音不绝于耳，这种场合，外国人最希望的就是早点离场。文戏过后是摔跤、蹦跳、腾空以及各种杂耍、力量和活力的表演，演员所展现出来的力量盖过了戏剧效果，会激起在场观众的阵阵喝彩。

官家庭院里的杂耍表演

毫无疑问，变戏法在东方人中很早就出现了。杂耍和戏法的流行，不是因为知识分子修养不够、上流社会的娱乐生活不那么精致或对话能力低于欧美国家，而是这些娱乐活动千百年来在亚洲普遍盛行，而且一直受到欢迎。我们对早期中国历史一无所知，从而使我们对很多有趣又重要的事实无从得知。

在远东地区，土著居民总是被描绘成身体柔软，平衡性强，擅长跳跃和摔跤，能快速规律地扭动身体。在狂热的苦行宗教的狂欢上，他们要表演最不自然的柔身术，要么是欺骗，要么是实实在在的痛苦，这种表演在欧洲引发了震惊，但却在亚洲激起了赞美。图中这些可怜的人正在被重物碾压，富豪的古罗马人也有这类竞技和滑稽表演，不间断地绕着身子抛各种彩色的球，稍有差池便会立刻丧命。这类游戏不仅在罗马上演，也在主要城市阿古利巴、提图斯、图拉真表演。19 世纪初，印度的杂耍演员也开始表演，这让欧洲人非常惊讶。

当官员府邸中的盛筵结束的时候，宾客们会被带到宽敞的庭院里，四周亭台楼阁，庭院中装饰着瓷器花瓶、芬芳花草和华美的灯笼。各类人等会聚一堂，算命先生手持卦签，杂耍者手法娴熟地拿着纸牌骰子，杂技演员不断旋转以展示敏捷、肌肉力量以及柔软性。在英国，中国人和印度人会表演让四五个圆球、杯子或刀子持续不断地在空中旋回翻转。这种特技表演在古罗马也很受欢迎，他们的接飞刀好手被称为 "ventilatores"，抛球者被叫做 "pilarii"。中国人在表演这种绝技时，不仅数量比印度人多，技巧也更高超，经常能见到表演者在额头搭上非常容易垮塌的多层木片，用他的脚趾让许多圆环一直不停转动，这需要全神贯注才能做到。他们用脚串珍珠、口吞剑刃、两只脚踩在装满水的大瓷碗和花盆上、用手钻穿透餐厅的一根柱子并从里面取出不同种类的红酒、吞吐几英里长的纸片，还会向空中抛一铜环，然后一分为二，二分为四，接着变成六个与原来的铜环同等大小的环，当所有环最后落入手中时形成各种组合，人们可以自由地在旁边仔细观察，这也是中国魔术师表演的多种幻象之一。

官宦女眷打牌

　　女性的社会地位，完全可以视作对一个国家文明程度的检验。重视女性道德智慧的国家，必然能享有促进人类幸福的法则。在只爱个人极权的地方，如许多亚洲政府，暴政奴役普遍盛行。在不信基督的地方，天赋禀异并不能确保她们有一个幸福的家庭或平息她夫君的暴戾之气，国色天姿反而加固了奴役制的锁链，筑高了闺房外的高墙，阻止了朋友间的来往，让不幸的女人更与世隔绝。对一个暴君的反复无常，囚徒最明智的策略就是逆来顺受，这是她生存的唯一出路。即便女人做出巨大的牺牲，也难以缓和其丈夫天性的残暴和惯有的粗蛮，这些东方闺房内的妻妾们，常常因乱吃飞醋或让位于新宠而沦为牺牲品。最为可怕的是，一旦她的丈夫怀疑她不忠，他可能会怒不可遏地

将其杀死。我们可以得出结论，在女性依然受限不能参与社交和从事社会工作的地方，人民的习惯必然粗野，文明的进程必然受阻。

中国的妇女处于粗野和文明的中间状态，每当她们外出之时，必囿于包围严实的轿中。她们必须严格遵守这种方式，不那么富有的人家只好为他们的妻子准备遮盖严实的独轮车，目的不是给她们挡风遮雨，而是为了避免她们抛头露面。这一切看似是在忠实地维护女性，但女性低人一等且不受尊重，也是显而易见的。贵妇阶层是花园里的鲜花，民妇阶层则是森林里的野花；一个饭来张口，衣来伸手，在温室中被呵护备至，另一个则在沙漠中浪费着她们的芬芳或被始乱终弃。我们经常看到穷人的妻子在稻田、棉花地和蚕室里劳作，背上牢牢地绑着她的婴儿，而她的丈夫却在吸烟或赌博。

府中有且只有一个至高无上的女主人，其他的女眷都要绝对服从于她。令这个古老帝国蒙羞的是一夫多妻制，尽管形式比土耳其的温和一些。中国没有休息日这一说，通常在女眷优雅的房里有一个拜神的小房间，神像被摆在尽头的壁龛里，一幅刺绣的丝帘垂于龛前，让祭拜者在自己臆造的神灵前倾吐灵魂的真实情感。家家户户的女眷在小佛堂前，在他们的保护神面前，正襟危坐地打扑克。因为无缘参与其他社交活动，她们只好自己玩玩纸牌。除了那些最刻板挑剔的人会反对她们沉溺于这一古老的游戏，其他人都无异议。

中国游戏的种类繁多，不胜枚举，许多都需要灵活的头脑。中国纸牌的形状比欧洲更长更窄，一副牌的数量也多得多。当纸牌不再令人愉悦时，烟草便成了消磨时间的法宝。女性从八岁起便开始抽烟，每位女士的裙子上挂着一个丝绸小烟袋，用来装烟斗和烟草。尽管抽烟并不优雅，但想一想与世隔绝的生活有多么单调乏味，即便更不优雅的活动，也是可以原谅的。尽管比起土耳其妇女来，她们所遭受的怀疑和屈辱要少一些，但是中国贵妇必须遵循的礼节注定了她们的生活异常乏味。孩子是母亲有限生命里的主要安慰，但在中国，生儿育女被列入法律，暴殄了这一人性中最美好的感情。父亲可以随意处死女婴，法律给了他绝对的权力。年满十周岁的男孩必须离开母亲的监管，不许再踏足他的出生之地，以免他回忆起在无助的时刻只有母亲才懂得如何给予关怀的场景。这可恶的条文剥夺了一个母亲履行她正当义务的机会，中国的母亲只好通过其他方式来填补生活的空虚，她们画画、刺绣、养鸟、园艺，偶尔也拜拜佛。当获准见孩子时，她们则欢喜地关注着他们。为缓解与世隔绝所带来的痛苦，家里只有两个女人的时候，她们就下棋，有两个以上的时候，最受欢迎的娱乐活动还是打牌。

大家闺秀的闺房

　　中国淑女闺房中的家具摆设，数量上比英国名媛的少，价值上也不那么昂贵或配套齐全。专门为女眷使用的套间，只有她们的丈夫、孩子、女性亲属和佣人才能进入。大家闺房的样式、摆设、审美、布局都千篇一律，在某种程度上充满了中国人的小狡猾，他们通过遮住一楼的过道、楼阁、游廊和门廊，来突显府邸的宏大。女性的房间通常沿着起居室延伸或环绕着池塘，伴有木桥和造型奇特的石头，一条游廊从起居室和花园通往阳台或门厅，入口处挡着一道丝帘，挑帘而入便是女主人和女儿们的闺房。

　　像欧洲人一样，中国上流生活的家庭陈设也是千篇一律，房间的布局和装饰足以说明其所在阶层。门廊摆着一张桌子、高凳或工艺品架子，上面摆放着花瓶、花盆、三脚架和托盘，要么是漆器，要么是竹器，装着甜香的鲜花和芬芳的植物，随着拉起丝帘的一股风将香味传入房间。每个房间的天花板上都挂着一盏灯笼，灯笼是用纸或丝或兽角做成，上面绘有中国特有的明快的色彩和奇思妙想的图案。卧室在最里面的房间，床放置在凹处，在寒冷时节和北方各省，床的四周围着帐幔，在闷热季节和低纬度地区只罩蚊帐。

在文明国家，对马桶的关注是淑女不可或缺的，在这方面中国人是表率。虽然玻璃制造工艺总体上没有多少进步，但中国人很早就会使用玻璃镜子，每个房间都有镜子熠熠发光，房内的人不用从沙发上起身就能清晰地看到窗外的风景和过路人。这些镜子用非常薄的玻璃做成，只比英国好的信纸厚一点点，再用汞合金精巧地包边，让镜子不会失真。

上层阶级的夫人都有一大群女佣伺候，她们的乖巧和关注让夫人的如厕和独处时光有了生气。吸烟是一种放纵，并无损女性的高雅，夫人一只手拿着装饰精美的烟斗，另一只手拿着大小适中的镜子，一个丫鬟忙着给夫人梳头并插上花或珠宝。未婚的姑娘一般梳长发辫，两根辫子从后脑勺垂下。结婚

后所有额前的头发都要往后梳，用一根金簪或银簪固定在头顶，通常还会用大量的头饰。对知书达理的官太太们来说，音乐占有重要地位，如果她们的女仆不擅长乐理，她就会请来一位女乐师，以琵琶的伴奏和曼妙的歌曲帮女主人打发漫长的无聊时光。

每个闺房中都有一个柜子，里面装满化妆品、胭脂罐、扇子、鞋、画笔、瓷瓶等，中国女性在追求美这方面，不会遗漏任何新鲜的东西。眉毛以细黑拱形为美，可以描画。雪白的肌肤是人人追求的，也可以通过各种方式来弥补，然后在雪白的肌肤上用玫红色腮红和唇彩，营造出玫瑰与百合的对比效果。

岁月洗去青春的红晕，时间染白了双鬓、稀疏了头发，人生摒弃了虚荣与野心，关切提升了母亲的个人魅力，母亲将热情转移到为女儿梳妆打扮，这是中国唯一认可女性的时刻。上了年纪的妇女们穿着朴素的衣服，把头发梳得光光的，不再用花、宝石或丝带，也不必努力掩饰自己年事渐高，因为对上了年纪的人的尊重是社会通行的，无论依照哪种习俗，诉诸何种准则，不管哪种道德或哲学体系，大家都承认这个制度，都会遵照尊老这个普照中国大地的道德标准。

北海公园

　　北京包括两座不同的城，一座住着汉人，另一座住着满人。在满人的皇城中有官衙、神庙、大学、厅堂，正中心是皇宫和御花园，皇城上有三扇大门，与外城或汉人城相通。外城也用城墙围起来，并修筑了防御工事。皇宫有两平方英里，专用于建造皇家府邸，被称作"紫禁城"，只有皇上的随员或访客才能进入。宫墙由红砖砌成，高二十英尺，上铺明黄色的琉璃瓦，因此也称"黄城"。

　　皇城里假山池沼错落有致，小岛漂浮在平静的湖心，流水偶被瀑布打扰，湖边的避暑别墅和凉亭楼阁给小岛凭添了一份乐趣。建筑群掩映在怪石树丛间，让人们对距离和大小都产生了最愉悦的错觉。有一个大水库或大湖给花园里的小水潭供水，湖面因宫廷游船的往来穿梭而变得生机盎然。看起来快乐主宰着仙岛，海妖塞壬的诱惑非常成功。但如果探究一下，很快就会改变这个匆忙的结论，人类历史总是充斥着忧伤。双层城墙并非多余，皇帝也不能称心如意地生活，危险总是如影随行。大米是全国人的主要食物，在遭遇旱灾的年头，皇宫周围会受到饥民的袭击，北京市场频遭抢劫，皇帝忠实勇敢的随从使出浑身解数保护紫禁城，以免皇上遭受危险。虽然皇位继承者可由在任皇帝任意提名，但这样的安排并不能避免篡权。据说在雍正继承其父康熙的王位时，临死的皇帝本打算提名十四阿哥作继承人，但是由于皇帝突然死亡，雍正就借机夺取了他兄弟的位置。登基后，他下令逮捕他的兄弟，并将其关押在北京以北四英里外的地方直到其老死。

1813 年 10 月 18 日，皇帝外出泡温泉，谋逆大军压境，被暂时摄政的皇帝的二儿子英勇阻击，谋反被粉碎，没有造成更多伤亡。因为这一壮举，二儿子道光被提名为皇帝继承人。作为纪念碑，插图中最高处的建筑也是历史上独一无二的，是满清皇帝美化建造辉煌建筑的最后一幕。一个受命运眷顾的人，利用宫廷的软弱和奢侈，让自己成为了中国新一代的国君。

懒散奢靡让前一个王朝覆灭。农民军在起兵的时候是本着美好的愿望，但聚集以后就开始四处掳掠，最后进军北京城。倒霉的皇帝没有足够的支持，但又不想让他的后人受辱，于是杀了他唯一的女儿并自缢而亡。一个男人，不是英勇地战死在沙场，也没有勇气逆境存活，却谋杀了两条生命。

西直门

　　北京是中国的首都，地处肥沃的平原，距长城约五十英里。北京隶属北直隶省，玉河是离北京城十五英里的白河的支流。北京城的形状是长方形，占地约十四平方英里（不包括广袤的郊区），分为两个截然不同又彼此独立的区域。包括皇宫在内，北边的皇城是一个完美的正方形，供满人居住。南边是老城或外城，呈平行四边形，供汉人居住。每座城都有独立的围墙，外城占地九平方英里，皇城占地五平方英里。像其他一线城市的城墙一样，防御墙高三十英尺，厚二十英尺，采用老式建筑方式建成，先筑两道土墙，石头底座，砖砌上面，外墙倾斜，内墙垂直，中间再填土。这是根据壁垒的修建方法设计的，类似英国封建古堡的修建方式，只是在挡土墙之间，英国古堡用毛石，而中国用泥土、砂浆浇灌形成混凝土。南墙上有三道门，另外三面墙上分别有两道门，"九门城"的名字就来源于此，南墙的中门通往皇城。早年有一条护城河将整个城市包围起来，但随着郊区的扩大，使得这条防御工事仅作为城内外的分隔，于是当局任由河水干涸。城墙上可以并排通过十二匹马，顶端是两排锯齿状的女墙，没有正规的炮眼，也确实没这个必要，因为满人靠的是手里的弓箭。

每座城门处都是双重城墙，更准确地说，每个城门前都有半圆形的用墙壁围起来的场地作为军队集合地。通往这块场地的入口并不在正面，而是在侧面，欧洲要塞采用的也是这种设计。上面的城垛没有任何战争装备保护，这些巨大堡垒的上方和后方是多层的亭顶瞭望台，上面有很多炮眼，其实在突发情况下根本派不上什么用场，因为孔中的大炮是画出来的，我们的商船也经常装饰这样的假炮。除了多层瞭望塔上这些华而不实的炮眼，瞭望塔上还有不计其数的射箭孔，防御墙上也采用了类似的策略，那里的孔没有被大炮占据，而是在城堞上开出的箭孔。每隔六十码（弓箭手的箭在这个距离最致命）耸立着一座翼楼，从约四十英尺高的幕墙中伸出。这些翼楼与城门望楼设计类似，高度也相当。

北京人口可能不足两百万，明显低于伦敦。围墙的大部分都围着皇宫和衙门，高度和住宅相当。北京城外更宽广，有大片土地和不计其数的园林，湖水与城市相隔甚远。城里有两条主要街道，一条连接北门和南门，一条从东门到西门，都是宽一百英尺、长四英里。都市的大街上总是充斥着喧嚣交易，大的十字路口都建有牌楼，用来纪念伟大的英雄或其他值得尊重的人。和欧洲大陆古老城市的街道一样，除了这两条大街，北京及中国其他城市的街道狭窄阴暗沉闷，似乎要把光和健康都拒之门外。走在大街上，住宅的建筑风格一览无余。市井的人们都将宅邸背对大街，显得并不友好，一面长长的墙和一扇从不打开的大门，构成了街道两边的风景线。

北京灯笼铺

　　一些风俗和习惯是随着国家的发展而形成的，其源头早已无从查考，但它们却成了国民性格的代名词，只要一提到这个国家，人们马上就会联想到这种习俗。中国人打灯笼的习惯，便具有这种特性。夜幕降临后，大街小巷的人各自手提一盏灯笼，上面写着他的姓名和住处，违规的人会被逮捕关押，至于什么时候受审，那就要等官老爷有闲工夫了。路上的轿子也必须点一盏灯笼，河上每条船上都要在黄昏时分挂上灯笼。这种照明方式光影斑驳，十分有趣，有时甚至会成为一道风景。也有一系列的事实证明，这种陋习对中华帝国而言是致命的。

　　阿默斯特爵士一行人北上进京，在行程的最后一段坐着简陋的马

车，每辆车上都插一个小小的红色灯笼，长长
的一行马车排列起来，让人有一种奇妙的感受。
他们一行人到达郊外时已是午夜十二点了，即
便这么晚，很多当地居民还没睡，提着自家的
椭圆小灯笼好奇地拥挤在街头，大家想借着昏
暗闪烁的亮光看一眼这些外国人。这么多灯笼
挤在一起，足以照亮围观的人群，也能看清路
边建筑的特点和风格。

灯笼本身无伤大雅，许多民宅和庙里都点
着灯笼。十九世纪的科技发展改变了人们的生
活，纸质灯笼便再也没有了用武之地。

灯笼的形状和材料各异，球形、正方形、
五边形、六角形等什么形状都有，框架有木制、
象牙或金属制造，大部分灯笼的设计和制作都
费工费时。玻璃很少用来制作灯笼，事实上除
了用来做镜子，玻璃也很少有其它用途。有很
多材料可用来制作灯笼，包括兽角、丝绸、牡
蛎壳、纸、线网和薄纱，还在薄纱上涂上一种
印度群岛上发现的海产岩藻染料。做灯笼是一
桩赚钱的买卖。在制作过程中，很难说哪一部
分更值得称道，是兽角的尺寸和完美，还是填
充框架的彩绘嵌板。灯笼画师是很好的色彩大
师，他很懂设计，不论风景还是人物，只有最
令人愉悦的题材和最绚丽的色彩才会用来是绘
在灯笼的嵌板上。这是普遍现象，尽管这个灯
笼可能只是用来照亮孔庙或佛堂。

灯笼商的展厅就像一个时尚的休息厅。家里的房间对灯笼的数量没有限制，只要放得下，就会再去买，同档次灯笼店的竞争也很激烈。就像欧洲的丝棉制品一样，灯笼上的图案要随着季节而变化，适时到灯笼店为自己的妻女购挑选新样式，也是满清官员的一种闺房之趣。

伦敦海德公园举办过几届中国展览，其中就有一个巨大的灯笼，中国只有在国家庆典的时候才会使用这种灯笼。馆长对这个灯笼描述如下："高十英尺，两端直径四英尺，骨架雕花镀金，上面覆盖着红白相间的丝绸，以昂贵精美的绣花作点缀。流苏和珠饰工艺附在灯笼下方，每个角上有一个突出部分，每个部分垂着的红色丝质流苏不少于二百五十六条。简而言之，这个国家的灯笼制作极尽雕刻、镀金、丝绸、刺绣和珠饰工艺之能事。"

通州的猫商和茶贩子

通州位于北京十二英里之外，通州府城墙高达六十多英尺，人口密集，生活赤贫，但是作为北京的港口，贸易却很活跃。南方省份的农产品和手工制品都要在这里搬运下船，然后运往京城，其中也有不少躲过了帝国海关检查的外国商品。

这个地方人口密集，熙熙攘攘却又贫困潦倒，英国历史书上经常提及该地，因为阿美士德勋爵那次值得纪念的会晤就发生在这里，当时理藩院尚书和世泰、礼部尚书穆克登额向勋爵解释了在面圣时三跪九叩的必要性，这也说明了我们的大使何以无功而返，没能达成他花费不菲的使命。尽管勋爵注重自己国家的荣誉和尊严，中国人还是让

他在这一点上妥协了。"胃口的增大，取决于所吃的食物。"中国人的要求越来越无礼，因此他非常懊悔自己曾以国王陛下的名义向满清皇帝行了礼。拿破仑曾说英国大使过于拘谨，但那时拿破仑还没有当上皇帝，在王冠加冕之后，他也不能容忍他的代表以法国的名义在文明世界任何一个君主前行如此屈辱的大礼。

　　健康食物的充足供应，在全球每个地方都有吸引力。虽然受文明程度和智力水平的限制，人类追求它的欲望程度有不同，但不会因为欧洲国家有学问，就对食物的获取少几分焦虑和关注，他们都臣服于生理的食欲，并主张理性的追求和细微的改良。这些国家和他们的东方兄弟有同样的自然需求，食物的精细化也是建立在充足的日常供给基础之上的。在中国，贪食阻碍了这一进程，人们的胃口欲壑难填，勤勉或消遣的每一个目标似乎都为了满足胃口。有钱有权者贪口腹之欲，中低阶层也耽于酒色，人们的口味很少受收入的影响，也不受食材种类的限制，哪怕最恶心的食物他们都吃得下。作为全世界最无所不食的人群，没有什么动物或植物是不去捕获的，没有什么是这些贪口福者不敢下咽的。野马肉受到高度赞扬，天蛾的幼虫、熊掌、从各地捕获的各种动物的脚都被视作美味，可食的鸟巢（燕窝）在满清官员的宴席上是一道珍肴，偶尔也会做成汤。

　　北京大户的管家会来在通州的市场上，为他们的主子采购珍馐美味。屠夫扛着狗肉或领着五六条狗到屠宰场，那些将死的狗的嚎叫和已死的狗的腥味，把满街的狗都吸引到屠夫周围，以至于他不得不用长棍或鞭子来保护自己不受攻击，同时也把门关严好做生意。走街串巷的兜售者登岸进入市场，将篮子挑在扁担两头，里面有活的狗、猫、鼠或鸟，还有海参，甚至还有甘蔗里的蛆。需求量最大的狗是一种小柴狗，可怜的动物在笼子里垂头丧气，甚至都没指望得到自由。猫则一直不停地尖叫，似乎从未对逃出这不可避免的命运感到绝望。对一个基督教徒来说，看到这一幕太难受了，因为他们把狗看做是最忠实的动物，而猫是最有用的动物。在中国古代，猫就是桌上佳肴，但那是野生的，后来被引入中原地区，经人工养殖后送到大城市的市场。就外表而言，老鼠没有在市场上活杀，他们被从胸口破开一条缝，用串肉扦穿过他们膨胀的后腿挂成一排，并不让人恶心。

　　通州码头旁边有一些茶摊，出售茶点给船工。茶是中国最常见的饮料，摊主站在竹竿支撑的帆布篷下，邀请路人品尝人们最喜爱的茶点，茶杯整齐地摆放在柜台上，尽头立着炉子和水壶。

承德普陀宗乘之庙

　　中国皇帝是满人的后裔，仍然保留了满人的传统喜好，蒙古人也特别喜欢在自己的领域里生活。每年夏天，人们都能见到皇帝陛下将内廷迁到祖居的热河郊外，虽然从京城去那里路途遥远，但这个时间段避免了恶劣的天气和昼短夜长的日子，在道路沿线每隔一定间距就建有行宫，以方便皇帝及其随从休息。出于个人利益和公共职责，皇帝每年要对其世袭领地进行一次寻访，巩固他的领土疆域，接见其管辖下的大小可汗，之后，他会将一部分空闲时间用于狩猎休闲，另一部分时间里则在大禅寺里祈祷并进献供品。

　　宫殿和花园位于一条大河边的山谷里，紧邻热河小镇，山谷四周群山环绕，崎岖险峻。每逢皇帝巡幸时节，这里就会呈现出最为庄严和喜庆的气氛。在警卫的陪同下，皇帝陛下走进小布达拉宫，陛下的随从偶尔会在宫外留下来表演一下射箭。小布达拉宫（曾被误传为布达拉宫）是该地区最宽敞、最有名、最富有的寺庙，它外观朴素，由一组大建筑和几组小建筑群组成。主建筑呈正方形结构，每边长二百英尺，其特征和设计与天朝的其他寺庙完全不同。主建筑楼高十一层，最引人注目之处是正面墙壁上的十一排窗户，从高处看去，能看到质量相对差一些的建筑。中央四合院里的主要建筑是金色小礼堂，礼堂上下有回廊环绕，礼堂中央有一个佛台，佛台上矗立着佛的雕像，四周有金色的栏杆围绕。在礼堂末端的黑暗凹壁里挂着一幅帷幕，里面有一盏孤零零的圣灯发出昏暗的灯光，如果这盏灯长明不熄，就象征着永生，如果这盏灯灭了，就象征着人生的有限。这盏灯以前发生过熄灭的情况，归咎于僧侣的懈怠，现在已经不允许陌生人好奇来窥视这幅刺绣织锦帘里面的情形。礼堂屋檐上的金色琉璃瓦，再次展示出宗教崇拜的奢侈以及每一处都要装饰的挥霍。

　　穿过金色礼堂，游客可以看见小布达拉宫的八百喇嘛，他们有的席地盘腿而坐忙着读书写作，另一些喇嘛则偶尔会用庄严柔和

的音调引吭高歌。根据他们所受的教育和渊博学识，他们像
以色列人的撒母耳一样从小投身于祭坛，他们掌管着不断积
累的巨大财富，人们相信这些喇嘛对其教徒一定拥有巨大的
影响力，但事实却并非如此。他们严格遵循自己宗教的仪式，
通过教规来维护宗教仪式的尊严及辉煌，他们的个人品德及
知识程度并没有赋予他们优于常人的权利，但常人却成为他
们依附性的工具。喇嘛们衣服简朴而得体，脖子上悬挂着一
串佛珠，又称念珠，他们在做祈祷时不断捻着念珠。他们会
一边背诵经文，一边数着念珠，根据人们为其所奉献礼物的
价值施法让苍天下冰雹或下雨。在寺庙里做法事时，他们按
照修行仪式结队绕着圣坛行进，躬身低头，手捻佛珠，每数
一下念珠，口里就反复念诵一遍"阿弥陀佛"。当仪式全部完
成后，他们便用以粉笔做记号记录下自己的功业，并称之为
对他们的金身大神报数的证据。

　　藏传佛教是得到政府支持和保护的宗教，被视作帝国机
构的一部分而加以维护，所有教派都被允许自由行使无限的
选择特权，僧侣拥有固定收入。满族官员们都赞同这种信仰，
但他们自己却拒绝奉行由"诸神之子"确立的不敬神原则。

踢毽子

　　离卫河和闸河交汇处不远，有一座美丽的八角塔，共有九层，每层都有挑檐，向上逐层缩小，最后自然优雅地收顶。从塔底到河边有一片缓坡，这里是临清州市民休闲娱乐的地方，尽管有时格调不算高雅，但人们非常欢乐。如果这片欢乐王国不继续扩大范围，不被邪恶打诨的出家人扭曲，他们本可相安无事。变戏法的人在这里操弄他们的骗人绝活，小丑们表演翻筋斗、撑杆跳，用实力展现人体的力量和柔韧性。这里有着各种人性恶的展现，斗鹌鹑、斗蛐蛐、猜拳、赌博，赌徒在这里汇聚一堂，容易上当的人总是落入骗子的圈套。周围坐着好些看热闹的人，他们抽着烟袋，小心谨慎却又兴趣盎然地打着赌，更多的人在玩一些孩子气的运动，尽管他们的年龄看起来好像不太适合做这种运动。

放风筝是人们最喜欢的娱乐，很少有国家能像中国人一样把风筝放得那么高，估计也没人想过这事儿。制作风筝要用轻巧但结实的纸和易弯易折的竹片，这项运动具有很强的竞争性，男女老少都卯着劲尽量将风筝放到最高，并通过割线来击落对手的风筝。

除了放风筝，人们对踢毽子也抱有很大的热情，西方国家的人对此则不感兴趣。踢毽子本来是年轻男女的活动，而且主要是女性的活动，但是在中国连最壮实的男人也乐在其中。踢毽子不需要设门，也不能用手，手可以协助保持身体平衡。一般用单脚踢毽子，甚至光脚踢，有时也穿木屐，人们欢乐地伴着木屐的哒哒声踢毽。踢毽子时，五六个人围成一圈，可以偶尔用手协助以免毽子落在地上，依次淘汰每轮最差的选手，直到只剩最后一人，这个人当然就是这轮赌注的赢家。

临清州的西洋景

　　京杭大运河准确地说是始于山东省临清州。喜欢夸张的中国人夸大了它的范围，他们声称这条运河始于天津以北的海河，止于江南省杭州府以南，其间所有的通航河流组成了这条伟大的内陆航路，但实际上并非如此，因为运河的北端始终没有超出临清州以北。海河在临清州与运河相汇，汇合处水势平缓，既无水闸，也没有堤坝，这条航道被不恰当地称作运河的延伸。平缓的河水每隔一段距离就被水闸阻断，水闸包括两个桥墩，中间相隔三十英尺，有一块活动的厚板可以放到导引槽中，水闸引起的水位变化很少超过一英尺。有一队军警驻扎在岸边保护并管理水闸，当河水穿过人口相对稀少的地区时，这些警卫室就成了沿河最有趣的事物之一。

临清州附近是挑夫的聚集地，挑夫将重物从一条舢板搬运到另一条舢板上，这里也是交换商品、雇佣辞退纤夫或进行其他交易的地方。由于处于全国商业通道京杭大运河的起点，这座城市赢得并至今拥有一定的声誉。欧洲游客认为，点缀风景的九层塔是为纪念闸河通航而建的，从这个角度来说临清塔可看作是这项公益事业的纪念碑。临清塔在外型上呈八角形，角锥状，底层由斑状花岗岩砌就，上面用精美的釉面砖拼成，有一百八十三级转梯迂回登顶，塔顶视野广阔，可见河水交汇处的美景和临清州熙熙攘攘的街道。尽管临清州的海拔比海河至少高一百五十英尺，但在塔顶上几乎看不到脚下的住宅和衙门，它们被掩映在城墙内的绿树和灌木丛中。1793年，这座美丽的宝塔还处于荒废状态，之后被修葺一新，每层的屋檐向外伸出，底层的檐口上清晰地刻着"阿弥陀佛"四个字。

广场上，商旅、小贩、船员云集，大家都将注意力投向那些街头艺人、杂耍骗子及各类江湖郎中，临清州的街道因而显得充满活力。

历史上有过许多令人钦佩的发明，这让中国人自满自足并因此而停滞不前，他们自己已经忽略或没有能力去提升，但这

些发明的起源仍然要归功于他们。指南针、火药和印刷术都源于中国，但模仿者比这些原创者获得了更多的好处。

　　欧洲大陆和英国民众的许多娱乐活动显然也来自这个古老的国家，木偶戏和暗箱投影表演都源于中国。中国皮影戏这一名字就充分揭示了它的起源，中国街头艺人表演的活动皮影，被看作是意大利木偶戏和西方国家的"潘趣与朱迪"木偶戏的原型。意大利木偶剧的人物之所以能活动，是因为他们的双腿、双臂以及头上都有绳子牵引，与中国皮影的原理相同。英国的杂耍表演者和他的东方同行之间更为相似，中国的表演者制作一连串的图片放于可透视的玻璃前，用细绳拉动图片来讲述故事，在某个时期伦敦街头随处可见的老式暗箱投影器中也能见到这种表演方式。英国流行的木偶戏是否也要归功于这些心灵手巧的人还有待考证，因为它在辗转经过意大利和中欧时已发生了很大的改变。中国木偶戏的表演是一个人在凳子上，用蓝色帐幔遮住全身直到脚踝，头上放着一个箱子，在著名的"潘趣与朱迪"的表演中这个规则有所改变，小丑潘趣的表演是表演者将手指伸入人物的胳膊让他活动起来。

赤城兵营

　　在京杭大运河的北方水源白河两岸建有兵营，兵营的规模与该地区的人口密度或交通流量成正比。由于运河是中国的重要运输航道，这些兵营就类似于英国的警察局，但兵营里驻扎的不是正规军队，而是当地的民兵。除了维护安宁和执行政府的命令，这些守卫还要执行其它任务，比如征收苛捐杂税、保持河道畅通、照看防洪水闸等。如果兵营里驻有一百名民兵，那就是一等驻地，当皇家船队或满清的大官显贵通过，他们要行礼，仪式包括先放三响礼炮，礼炮垂直固定在地上，先放一点火药在炮管里，上面紧紧地塞满沙土。当仪式完成后，民兵的华服连同他们的武器配备都要还给驻地的军械库，民兵本人也有一点基本的收入，相当于我们一天三便士，如果他们是汉人，则很大一

部分人还要重操自己的老本行，从事农业或制造业。这点薪水及地方政府的额外补贴相当有诱惑力，因此服役是通过选择接收而不是强加于人，人们都恳求加入军队，而不是被强征入伍。

　　运河上有各种各样的平底帆船、花船、小木船、游船、排船等，船只来来往往，必然会有各类事件层出不穷地发生，因此赤城岗亭附近经常呈现出一幅喧嚣生动的画面，拾荒者与纤夫争吵，还偶有周边地方的罪犯受刑。虽然皇权压倒一切，周边的国家不可能有实质上的抵抗，但在帝国的中心地带，中国人自己的动乱、暴动、阴谋和骚动时时在发生，这给站岗警察和常规军带来大量的就业机会。岗亭前面升着军旗，如果是满八旗队伍，旗子为正黄、正红、正白、正蓝、镶黄、镶红、镶白、镶蓝色，如果是汉族队伍，在旗的中央有一条金龙。

　　满族和汉族士兵的报酬有不同，也就是说正规军和民兵的报酬不同，他们的服饰配备也有明显差异。就像传教士们描述的一样，满人或虎贲军穿着黄色虎纹袍子，帽子是用竹片紧密地交织在一起，帽子能遮住耳朵可以抗重击，盾牌也是用相同材料制成，上面画有怪兽的头或形象，虽然不能像美杜莎的头一样惊呆敌人，但可以震慑敌人。列队时每排五个士兵，背上的套筒里各插有一面丝织旗帜，旗帜随风飘扬，呈现出一幅明快的景象。中国人特别钟爱数字"五"，他们的士兵每五人组成一个小组，十个小组形成一个连，八个连形成一个营，每个连都有五个主将、五个副将。正规军士兵的胸口有一个"勇"字，汉人民兵胸口有一个"卒"字，他们的制服比虎贲军便宜得多，包括镶红边的蓝色短上衣或镶蓝边的红色短上衣，下面一条又长又笨拙的围裙，头部由一项圆锥形竹帽子保护着，有的可能是布的。虎贲军有盔甲护体，上缀金属扣，头戴钢制的倒漏斗状头盔，头盔顶上有一束马毛。和笨拙不便的制服一样，他们的武器根本不值一提，他们的常规武器是火绳枪，棍子和燧石凌乱地摆放着，现在中国哪里都找不到这种可以替代火柴的珍贵石头。据说他们的剑或忏镰和西班牙的一样好，只不过外型很粗糙。在鸦片战争中，钦差林则徐试图通过引进双剑士兵来提高战斗力，他觉得这样就能消灭英国侵略者。

八旗兵更信赖自己熟悉的弓箭，弓是用弹性木料制成，拿牛角封好，用一根线拧紧，箭是直的，做工精细，箭头上装有钢矛，通过拉弓所需的力量，可以估算弓的威力一般在八十到九十磅之间。拉弓时先用右拇指的玛瑙扳指扣住弓弦，第一个指关节前倾，保持这个姿势把食指的关节压上去，弦慢慢张开，直到左手臂伸直、右手超过右耳时，食指猛然抽出，让箭瞬间以巨大的力量射出去。

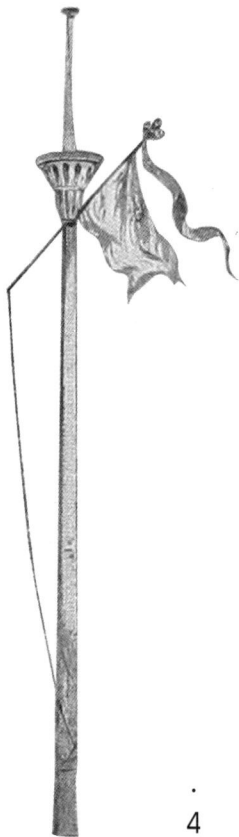

元宵节

　　中国人没有一周一次的礼拜日，但是会有各路神仙的纪念日，送葬和迎亲也是他们的节日。众多的节日中，万民欢庆的元宵节最为华丽。

　　元宵节是每年第一轮月圆的那一天，通常在二月中旬，人们要歇工四十天，参加由富人出资、穷人出力举办的各种庆祝活动。元宵节有点类似埃及的"光明节"，是一个全国性的活动盛会，也是一个全国性的灯笼和烟火艺术展。在这个节日里，帝国上下灯火通明，到处都挂着灯笼，屋檐、角楼、寺庙、大桥和船上都点着华丽的灯笼，总计大概要超过两亿盏，它们材料不同且形状各异，灯罩的设计别出心裁，贝壳、云母、牛角、玻璃、纸、棉花、丝绸和其他材质都可用来制作。还有手提灯笼，人们提着灯笼排着长队去拜庙，有的灯笼像发光的鱼不停地口吐火焰，有的是中国人最喜欢的龙形灯笼，不时从眼睛里喷火，各种形状的飞鸟游鱼和其他动物汇聚一堂，仿佛在空中游曳，此外还要燃放各式烟花爆竹。

大概没有人能像中国人这样精于焰火工艺，他们的节日焰火就是明证。广东人曾向来宾展示他们的焰火表演，下面这段描写尽管措辞谦逊，但处处透着赞美之情："第一场表演是一个燃烧的巨大藤架，主干、枝条、树叶和果实都呈天然的色彩，偶有蝴蝶穿梭其间。接着有不计其数的火箭礼花，在天空中形成了不计其数的星星、蛇和飞龙。这场美轮美奂的表演之后是一场盛大的全方位燃爆，像火花雨，其间穿插着五彩缤纷的灯笼，有的上面写有诗句及花果扇子图案。接下来的是光柱表演，形成一道道光圈，持续了几分钟，其光彩夺目胜于前面所有的焰火。最后的高潮是一条巨大的中国龙威严四溢地登场，周围有上千条翼龙、旗帜和横幅，龙背上突然出现了闪着蓝光的帝王像，紧接着变成黄色，最后变成耀眼的白色，震耳欲聋的爆裂声响彻云霄，帝王像渐渐消失在弥漫的绿烟中。"

收受聘礼

　　基于阶级、财富或其他因素把新娘与新郎联系在一起，中国的婚姻合同似乎像做买卖时交的保证金。有人觉得这种根据女性的可爱程度设定价格的做法，会降低人的文明程度。但即便是最文明的欧洲国家，在某种情况下也可以用钱买到妻子或丈夫。在中国人的婚姻伦理中有一点值得称道，就是当事双方有权事先了解对方。

　　如果有人对上流社会的某位女士大加赞赏，很快就会有仰慕者前来向她提亲，一旦谈妥，求婚者便要向意中人送去丰厚的聘礼，他的亲朋好友们也要凑份子。聘礼与新娘的嫁妆成正比，聘礼包括一些饰品、卫生用具、绸缎和银制品，这些都要交给新娘的父母。下聘的仪式非常隆重，新娘家要腾出一个房间专门来接收这些聘礼，女方家人一脸严肃地接待来下聘礼的人，周围坐着新娘的姐妹们和直系亲属。她们一脸悲戚的模样，也许是真的伤心，也许是装出来的，家里年长一些的女性负责把聘礼收起来，新娘头戴绣花帽站在一个显眼的地方，向各位来宾表达谢意。

基德教授参加过几个不同的东方国家较高级别的婚礼，观察到了明显的相似性。其中马来人和中国人最为相似，他们都要大宴宾客三天和举办一些娱乐活动。新娘的朋友们会来看望她，侍女用珠宝、衣服和香水来打扮她，这样做的最大目的是让新郎喜欢上她。第三天晚上，新娘把自己和女伴们一起关在新房内，新郎来到门口要求进屋，房间里的人问他是谁，来此作甚，新郎大声说出自己的名字，请求屋里那位年轻女士做他的妻子。新娘希望他讲明，如果为他开门，他会送什么礼物，新郎回答说送价值不菲的宝石，门就打开了，丈夫送上珍贵的宝石，获准来到新娘跟前。新娘陪着新郎来到婚礼宴席前，俩人一起坐下来享用盛宴，包括各种时令产品做成的美味佳肴，正当中摆着一大碗白米饭。晚宴之后，婚姻协议才算正式生效。对中国人来说，婚礼习俗自古以来都是这样的。

迎亲队伍

　　大多数东方国家在异性之间是很保守的，中国自古至今一直如此。女子年满十四周岁，男子年满十七周岁，可以通过媒人达成婚约。求婚计划通常由求婚者的父亲发起，在纯商业结合的基础上提议联姻。这一不幸习俗根源于一种更为偏执的举措，即限制恋人在婚前的所有往来。仔细观察就会发现这一习俗的残忍性和奴役性，如果默许之，这个本应为人类最纯洁的仪式就混杂进了虚伪，在更尊贵更有钱的阶层更是夹杂着各种表里不一和欺骗诡计。

　　媒人，也叫媒婆，在每一段联姻里都是不可或缺的。据说从前有痴迷的追求者曾在一座庙里看见"月下老人"从布袋里掏出红线，将男人和他妻子的脚拴在一起。中国人相信宿命论，要占星卜卦，并雇媒婆从中衡量双方联姻是否合适。媒人尽职尽责地张罗，为两颗年轻而渴望沟通的心传递爱意，还负责找人观星象和测八字。如果星象吉利，卜卦者会获得酬金，媒人也会得到打赏，特别是当她到年轻小姐的住所宣布好消息，并从小姐父母处要到一纸婚约时。

签订婚约时，新郎要准备大量的礼物，包括金银、丝绸、绵羊、美酒和水果，丰厚与否依据双方家庭的富裕程度而定。从这一刻起就可以考虑婚礼了，新郎披上一条象征喜庆的大红绸带，新郎父亲给新郎戴上头冠，先戴一顶布帽，然后戴一顶皮帽，最后是一顶花冠。女方也要换装，将头发梳成发髻，用恋人送的发钗别好，再由同伴给她修面，然后坐下来陪她啜泣，等待她向娘家告别这一时刻的到来。

婚礼这一天，迎亲的队伍带着许多东西和大量吹鼓手来到新娘家，抬着各种家用物品，各种衣服、被褥和其它值钱的东西，都是新郎送给新娘的礼物，但其实这只是一种习惯性的展示，很有可能是从专门的商家租来的。高大的衣架高举在空中，上面挂着许多奢侈的女裙，

后面是装这些衣服的雕花木箱，再后面是摆满各种美酒佳肴的桌子，还有一些动物，如关在笼里的家禽和圈内的猪等，鹅也被领过来，鹅在中国一直被视为忠贞和夫妻关系的象征。什么娱乐都少不了噪音，人们热衷于各种喧嚣，旗手扛着旗子，舒展他们的歌喉加入快乐的合唱，吹鼓手们吹着唢呐敲着鼓。新娘的花轿布满了大红色和金色，估计是想让旁观者觉得女性的美丽和美德在中国都很受重视。在新娘的花轿后面，仆人穿着大红色的制服跟着，随后的轿子里坐着女方家里的长辈。

迎亲队伍到新郎家门口停下来，门口点燃一盆火，新娘在姨娘们的帮助下跨过火盆。之后被领到礼堂，一同拜见他们的父母和亲属，与丈夫一起共享婚酒，餐桌上摆了红烛美酒，新郎鞠躬，饮下三杯酒，新娘一手遮面，一手举杯至唇边，完成交杯酒的仪式。第二天，接待朋友故交。第三天，回娘家再宴请宾客。

打板子或杖责

　　尽管对基督教的教化一无所知，也不熟悉那些在西方文明国度践行的政治和经济原则，但中国人却是全世界最驯良的臣民，这是中国独特的极权制造成的，并持续了数千年，中国在政治、经济、民生的基本施政方针是"政府的宗法制"。在中国的家庭中，孩子的地位低下并依赖于父母，而父母也默认自己的统治地位，并在日常生活中不断加强和巩固这种权威，孩子不能脱离开孝道的束缚。中国朝廷的家长权威制与此相似，皇帝是人民的父亲，是一家之长。当臣民因疏忽职守而受到惩罚时，训导他们是出于无奈，矫正错误行为也是为他们好。代表皇帝行使权力的满清大臣也怀着同样的情感，正是这种病态的道义使得这些自我膨胀的官员不会担心因施行暴政而受到打击报复。

以此类推，如果一家之长可以因其后代或奴隶忤逆、偷盗、反叛而惩罚甚至处死他们，那一国之君及其代表人在类似的情况下也可以采取同样的行动。尽管很少实施死刑，前朝君主实施的仁政也没比天朝皇帝好到哪里去，恐惧极刑的震慑，辅之以鞭笞杖击，使这个世界上人口最稠密的国家成功维持了非同寻常且令人钦佩的安宁景象。

打板子或杖责是中国各地最常用的刑罚，几乎适用于各种罪行，可以根据罪行大小调节板数，如果罪行严重，则刑罚成比例增加。犯人通常会被带到城门外，当着文武百官的面，在大庭广众之下，由专门行刑的仆役施刑。犯人由一个或多个仆役摁住，行刑人手执约六英尺长二英寸宽的竹板击打犯人的大腿根部。在这种有辱人格的仪式结束后，犯人习惯性地俯伏在主判官面前，觉得自己就像一个不求上进的孩子被父母打了一顿，叩谢他家长式的警戒和担忧。

18世纪早期访问过天朝的代表团相信，打板子只是出于惩戒者的关爱，是一种温和的纠正手段，他们认为农民没有理由反抗，因为王公大臣也要受这种统一制度的惩戒，在这片土地上，任何人试图反抗这种粗野的暴政都是徒劳无益的。究竟是皇上强制的，还是人民习惯了屈服于这种羞辱，在基督教徒看来，二者都很可鄙。

有宫廷的先例在，鞭笞之刑被广泛应用。"每一个政府官员，从九品到四品，都可以在随时给下属略施惩处，四品到一品大员由皇帝责罚，只要他认为有利于规范品行。"乾隆皇上就曾下令杖责他的两个早已成年的皇子，其中一个后来还继承了皇位。

中国人总是耐心地听从命运的安排，各种不公平也总是扭曲着整个刑罚过程，令穷人比较满意的是富人也要同罪并罚。负责打板子的人通常生性残忍，受刑者可以选择每打五下停一下，希望能求到皇帝喊停，但是每一下他都有可能死掉，因为打得越来越重。

这种羞辱性的刑罚在中国很早就已出现，它的延续证明这个伟大帝国的文明几百年来一直停滞不前。英国军队中也曾有过类似的"夹道鞭打"，让犯人从长长的两队人中间穿过去时，两边的人轮流用鞭子抽打他，这种处罚是为最令人发指的罪行准备的，惩罚非常严厉，死亡是不可避免的结局。在俄国也有过一种叫做"鞭刑"的惩罚，最初只是法院下令后私下施刑，后来演变为当众执行。

天津大剧院

　　天津是繁华的北直隶省的一个城市，尽管它不是一级城市，也没有司法权，但它比多数其他城市的人口更多，经济也更富裕。天津位于京杭大运河进入北京河段的位置，属于州一级或二级城市，负责北直隶省和山东省沿海盐运的满清高官驻扎于此。所有从东北地区运木材的船只，在穿过辽东湾之后，都要在这个离北京最近的港口卸载。这是马可·波罗通过耶稣会士留给我们的《天堂般的城市》里的简洁叙述，他以欧洲游客的眼光概括了帝国每个地方，虽然他的描述尚不足以满足人们的全部疑问，但包括了这个城市值得关注的所有要点。而中国人平稳的生活状态也从未改变。

　　白河和热河的交汇处离首都有八十英里，离海五十英里的白河打开了与首都交流的大门，热河借助京杭大运河可以沟通所有南方省份，这突显了天津在早期商业上的重要性。河口有一片沙洲，外国人对这里的水情所知有限，若没有当地人的领航，大型船只不敢冒险进入，但从当地船只可以随意直行逆行来看，蒸汽船应该可以安全通过。道光皇帝轻视了在白河口巡逻的英国军舰舰长对首都的大胆冒险精神。

　　"如果中国人不安分，"乔思林爵士曾写道，"载满海军和野战炮的蒸汽船和巡洋舰八个小时就能到达位于大运河口的天津，这里是北方贸易供给的基地，放火烧掉他们的船，就切断了他们到河口的援军，然后烧城，这里起火，京城也能看见，势必会引起恐慌，动摇帝国的根基。看起来他们是注意到了这种可能性，因此怕得要命。"

　　在熙熙攘攘的商业城市，不必担心没有休闲的去处，到处都是各种各样的娱乐公演，不计其数的咖啡屋、餐馆、礼堂和剧院总有大量顾客惠顾。天津一直以来就是该省的主要贸易地，而且有着永不落幕的娱乐活动，这个定位对天津再合适不过了。许多欧洲人都来到过这个"中国的利物浦"，商务交往中受到的殷勤周到的接待，让他们觉得这里比中国其他地方多了点自由、少了些约束。

　　白河沿岸布满了房屋、码头、货品、仓库和造船厂，水面上排满了船只，只留一条窄窄的通道供巡河吏使用。停船的码头上有很多人，

他们并不都是做航运的工人，还包括过着两栖生活的一大家子。"河岸对他们来说是陌生的，他们偶尔冒险才去陆地。"我们的大使曾两次到过这里，他讲到了中国的企业、财富、规矩和文明，他的描述让人印象非常深刻。即便在中国，一个中转站有这么壮观的场面也是罕见的，码头都被船只占满了，在船只和河岸间的浅水里立着数字番号，人流络绎不绝地沿着斜岸从房屋走到水边，两岸缓慢下降的地势让这里看起来像是个巨大的圆形剧场。温度计停在华氏九十度，大檐帽成了累赘，在正午的阳光下，几千个光头攒动，场面让人震惊。大盐袋沿河两岸堆积成山，上面小心翼翼地盖着席子，当大使队伍通过时，这些盐堆上挤满了人，看起来像人头金字塔，民众带着极大的好奇心，但却没有任何骚动。

长城尽头

关于万里长城准确的尽头，外交大使乔瑟林爵士的描述误导了马戛尔尼爵士。这幅图是制图人在一次白河河口的探险之旅中所绘，图中标明了长城尽头在海中的确定位置，从蒸汽船的甲板上可以清晰地看到这道"叛徒之门"就位于山脉与海滨之间，这个可喜的发现有助于解开满清历史上的疑点。

这片凶险的山脉，连同它们断裂的山谷和破碎的山峰，与波涛汹涌严酷险峻的大海对峙着，装备完好的船还好一些，船体笨重、建造粗糙的平底商船航行至此，水手们的命运就不得而知了。由于商船的船体很高，两舷容易受到飓风袭击，再加上水手经验不足，这些危险足以致命。当船开出港口时，人们通常认为它失事和返航的几率大致相当，如果命运之神眷顾，船主和船员的亲属就会额手称庆。有人根据可靠消息得出这样一个结论：从白河港出发的船只，每年有一万水手丧命于这片波涛汹涌的海湾。

对于这些不幸，当地人很重视，他们加固竹子做的救生衣，他们树起更结实的桅杆，将甲板做成弧形，铺上更防水的竹席，对罗盘的神力致以最高的敬意。人们相信神的影响力会留于罗盘之中，于是在罗盘背后建起了一个小小的祭坛，点燃一根用蜡、牛脂和沉香做成的小蜡烛，保持香火不断。这神圣的火焰有双重功效，它给了船员神的旨意，而通过它十二个等分部分的陆续消失，标志着十二个时辰的流逝。但是这种幼稚的勤奋只是徒劳，这个古老民族想用这些无聊的迷信来战胜无情的骇浪更是徒劳。"在狂风暴雨中，即便在船上同时吹响一万只喇叭、敲响一万台鼓，同船的人也听不见任何声音。"

东昌府的米贩子

在京杭大运河沿线，旅行者经常能见到图中的这种饭摊。东昌府就在这条线上，岗亭为盐税征收提供了一个落脚点，纤夫可以在此休息片刻。监工在征税，警卫队来回巡逻，纤夫们围坐在用竹杆支撑的大伞下，拿着碗筷等女店主上菜，这画面看起来就像收容所一样。众人围坐在一个土灶前，碗里的米和着蔬菜，上面盖着油汪汪的动物内脏，他们脱下竹帽，将长辫子盘在头上，把碗端到嘴边，用筷子迅速地搅一搅食物，一口气吃得干干净净。在中国和西欧，烟斗都是劳工的必需品，东方人的烟斗很长，塞进包里时总有很大一截露在外面。由于纤夫们休息的地点可能没有伙食供应，所以纤夫们都明智地准备了一些饭食。纤夫吃饭的时候，靠近他们的地上有穿着绳索的平板，纤夫们拉纤时会把平板放着胸口以缓解纤绳过大的拉力。

有人认为，由于农业的主导地位和草原贫乏，导致人们对大米的喜爱超过其它膳食，所以肉食必然少，这是非常错误的。一般来说，四足动物中只有猪和羊会被宰来吃掉，由于佛教对宰牛的憎恶，牛根本不会进屠宰场，佛教徒一直就偏好素食。另一方面，中国的回民不吃猪肉，元朝忽必烈的后代也不赞成喂猪来吃或卖。在中国普通人的生活中，一般都鼓励素食，用素食来替代肉食。

在这个幅员辽阔的土地上，凡有农耕之处，就看不到"在山谷中自由漫步"的动物，写过康熙皇帝趣闻的作者郭士立有一次航行中的轶闻正好例证了这一点："暹罗的米非常便宜，每个中国水手都会给家里带上一两袋，事实上他们想要得到并为之努力的主要东西就是大米，国内经济完全由大米的消费量决定。他们的三餐视煮几碗米而定，他们的努力程度也是按照需要多少数量决定。米饭的任何替代品都被看作是暂时充饥的，是不幸的，在食物缺乏时他们就加水来补足。当问到西方蛮夷是否吃米饭的时候，发现我欲言又止，便感慨道：'额！蛮荒之地不产稻米，尔等未死于饥荒，实属怪哉！'我试图解释，想让他们吃更有营养的食品，但是没有意义，他们还是坚持只有米饭才养人。"

在这个繁忙的城镇，上演了一场幼稚的军演，巴罗先生在出使圆明园回来后讲述道："走进东昌府的时候，我们看到一场军事演习，很明显是为了震慑我们，但却把我们逗乐了。城墙下约有三百个士兵排成一行，在夜幕下几乎看不见。当我们靠近时，一声鸣锣，每个士兵都从他们的袍子下面拿出一盏华美的灯笼，然后拿着灯笼进行常规的体格训练。"

城郊的种植业很有技术。这里种植着一种烟草，叶小有毛，有黏胶丝，黄绿色的花朵带着浅玫瑰色的镶边。这里也少量种植大麻，主要用来与烟草混合在一起，而不是用它的纤维来制造布料。

扬州渡口

　　学识渊博的耶稣会士们写过许多关于中国和中国人的文字，多数描述是真实的，不过难免会夹杂一些谎言、错误或夸张，比如他们确实歪曲了扬州的情况，这一指责尤其针对他们的这种描述："当地居民煞费苦心地教导年轻女孩，教她们唱歌、演奏乐器、绘画，获得所有必要的完美教育，然后再将她们卖给清朝官吏以达到贵贱通婚。"这完全是对事实的曲解，女性并非因此沦为奴隶或公开交易的商品，这些居民自己就是皇帝的奴隶，怎么能去奴役和自己一样的人呢？这些女孩从小由父母送去做学徒，然后作为豪华堂会的演艺人员而出现，如果耶稣会士们说"音乐、绘画、诗歌和通俗文学在这里得到了高度发展"，那倒确实是对这座城市的真实写照。这一地区气候宜人，风景如画，

浪漫多彩，仿佛意大利南部和地中海西西里岛的气候，这里的商业非常活跃，各种各样的人被吸引到这里，又因为这里的舒适而流连忘返。

运河从一座梦幻般的石拱桥下汇入扬子江，石桥上方的山岩上有戏园、凉亭和古朴的剧院，从那里鸟瞰江南省，令人惬意，心驰神往，因此扬州渡口又被称为"观景岩"。每到夜晚，数以万计的人结束了公务要返回住所，由于有太多人想过石桥，石桥一时又容纳不下这么多人，于是便有许多小船被征用，将人们渡过实际距离并不远的运河。穷人过桥常有被挤落水中之患，大多是官员的轿子和众多随从推搡所致，这些官员的官阶以及对自己同胞的优越感，一般是通过其显赫程度和家臣数量来估计的。穿过扬州渡口有一个小河湾，河湾里停泊着一些运盐船，人们在那里将货物转载到小船上，再通过小船驶入运河和该省的其他小河。

作家们努力收集有关扬州的每一条信息，受到耶稣会士坏榜样的
影响，他们也认为扬州居民负有贩卖奴隶与道德败坏的双重罪责，并
归罪于这里的女性特别美丽，他们还装模作样地讲述在仙人桥上、观
景岩上和扬州羊毛状的云团下面所发生的许多冒险故事，但这一切纯
属想象和臆造。

扬州是一座历史悠久的古城，据说居民人口达到两百万！在中
国历史上的春秋时代，大约公元前 600 年，它曾是吴国的一部分，后
来归入越国统治之下，到战国时期又归楚国管辖，此后又归于第一个
一统天下的秦国，再后来扬州隶属于九江郡。扬州在地方志中曾被称
作江都、南兖州、广陵和吴州，至宋代又恢复其旧名。这一地区包括
三个二级市和七个三级市，当地最引人注目的地方叫大铜山，因为一
个吴国君主在此铸铜钱而得名，明媚而又令人愉快的小山坡上生长着
一些很有价值的天然物产，其中一种药用植物叫做芍药，共有三十多
个品种，在中国广为人知，备受推崇。有很多名胜古迹装点这一地区，
使之与众不同，令人羡慕。"二十四桥"令人称羡是因为其坚固，而并
非因为其景致。游客们一定会去参观盘古墓和雷塘的隋炀帝陵，附近
还有广陵古城墙和隋代园林的遗迹。

瓜岛水车

　　东方国家土地贫瘠，空气闷热，人们专门研究过从井里和河里抽水以供应家庭和农业用水的方式。古代雅典人对水的依赖性很强，因此他们的诗人都高声赞颂水的诸多好处，但当时没有能将水抽离水面的机械装置，每一口公用水井的井口附近，都有一根固定的大理石圆柱，盛满水的水桶通过圆柱旁边的绳索拉上来，绳子在石头上摩擦留下几英寸深的凹槽。色雷斯人改进了希腊人的方案，他们向岩石深处挖掘螺旋形阶梯，并在井上用一个拱渠来代替绳子和水桶。在水泵发明之前，色雷斯水井在英国已经广为人知，亨利八世时期，议会还通过一项法案，对汉普斯特德教堂后面约五百码深处的一口原始泉眼予以特殊保护，以便伦敦市民能够从底部取水。在鲁米里亚，灌溉用水是通过一根大杠杆来提取的,杠杆的一端拴上一个水桶,另一端绑上石头以保持平衡,中国人至今还在使用这种方法。在中国,每一个洼地都被用来供水或储水,泉眼或大型湖泊无疑都是最珍贵的。

克劳迪水渠延绵十五英里,通过拱渠将水引到罗马,家家户户都安上了独立的水管和水漕。君士坦丁堡的地下就是一座古老的水库,非洲的迦太基水渠、西班牙的赛戈维亚水渠和亚历山大的蓄水池都是现存的文明古迹。在所有国家中,没有哪个国家像埃及人一样,在抽水和引水灌溉的方式上与中国人这么相似。为了分流尼罗河洪水,埃及人修建了八十条运河,挖掘了三座人工湖。他们把一长串水桶用铁链穿起来,从这些巨大的蓄水池中取水,在滑轮驱动下,越过土堆和其他障碍物,经过最高处后,再将每个水桶里的水倒出来,偶尔也会用牛来驱动灌溉机械,据说阿基米德就是从这一套古老设备中获取了螺旋抽水的理念。中国人也采用类似的抽水方式,他们的链式水泵与埃及人的水桶系统很相似。虽然发明的美誉被别人夺走,但中国农民最早发明的竹水车至今仍以其精巧独创性而著称。波斯水车是种巨大的水流动力设备,它被安装在一付牢固的木构框架上,要抽水时人们就将浮动护板连接到它的圆形轮辋上,一根根粗大的铁棒从水平方向伸进轮辋内侧,每根铁棒上用铁环悬挂着一个方形水桶,除了浸入水中和最高处的水桶外,水车上下转动时所有水桶都能保持悬垂姿势,在靠近框架的顶端和水车转动的反向一侧设计了一个水槽,用以拦截水桶并倾斜,使水桶依次将水倒入水槽,流水被固定在水桶与水槽接触的一侧,这样能减轻震动,使倾泻水的效果更佳。中国水车在原理和功效上类似于波斯水车,它由竹子制作而成,粗大的短竹筒的一端被堵死,平均间隔固定在水车轮辋的外侧。它们并不需要保持精确的水平状态,但能够以某个角度浸入溪水装满水,在转动过程中盛着水,再把水倒进准备接水的水槽,这种水车在瓜岛平原地区广为流行。赣江支流流经瓜岛,然后进入鄱阳湖,在那里可以看到上百部水车,每一部水车每天能够抽三百吨水。

中秋祭拜

　　中国人把无数的自然现象奉为神灵，他们将自己的喜好通过艺术加工塑造成神，他们通过大地和大海安抚邪灵，并不停地供奉献祭和祭品，两千年来，人们一直坚持奉行这一仪式。献祭分为三个等级——大祭、中祭和小祭，收获季节的祭祀属于第二类，带有感恩的性质，感谢全能的造物主保佑自己有了好收成。身处于各种境况的人都要感恩，没有造物主的恩赐，人类所有的努力都没有价值。

　　不论身在何处，不管以何谋生，每逢中秋节，中国人都会小心翼翼地向谷神和土地神献祭。每座城市的叉路口都有给谷神的祭品，人们通常会用一块粗犷的石像来象征谷神，在它面前烧香磕头，用木头

雕刻成人样放在周围，代表乡村神、土地公公以及农业、园艺和乡下
工作的守护神，这些简陋的雕像还可以用来代表日月风云、雨雪雷电等。

中秋月圆时，那些在海上航行的人也要行祭拜礼，他们会把自己
最喜爱的神像带到甲板上，摆上三杯茶，点上两柱香，船长和船员跪
在神像前磕头，船长起身拿起一个点燃的火把围着船头走三圈，以守
护神的名义驱除所有邪灵，随后倾洒杯中酒，木雕神像被放置在一个
纸扎的台上祭奠海神，仪式最后在礼花燃放和锣鼓震天中结束。

希腊有丰饶节（Thesmophoria），罗马有谷神节（Cerealia），都是
祭祀主宰农业的神。中国也有与古代欧洲类似的神话，目的和仪式都
一模一样。丰收后的月满时分，中国人会举行农耕节，暂时忘记"随
着明天的太阳升起，他们又将开始新一年的耕耘，永无停息"，农民
在谷仓里忙着打壳，用竹筛和棉垫进行风选，还要为其他的谷物准备
田地，一切都很顺利，家人以感恩的态度在祭坛前祭拜农耕神。一家
之主在农舍旁边选一处开阔地，竖起一个样式简洁的廊沿，在放神像
的壁龛前摆一张桌子作为祭坛，桌上摆放鲜花、糖果、蜡烛和几碗米
或几杯茶，主妇把刚刚收获的谷物作为第一道祭品供奉到桌前，她的
后面有一张垫子，她的丈夫和孩子在她身后跪下，默默祈祷神灵收下
祭祀，这绝对是一幕充满感恩和爱的画面。

图中所绘的是距离扬州城几里之遥的一个种水稻的农家，图中周
详地描绘了这里的民族习惯和地方风景，这是一个三级城镇，远远地
能看到高塔耸立，后面的稻田正准备栽种第二季的作物，前景部分是
中秋献祭，在这个小小的场景中有令人感动的地方，但还不足以对这
个辽阔帝国农村人的性格产生敬意。棚屋、大门和打谷场的篱笆都是
用藤条做的，扬谷使用的筛子、一家人在祭坛前跪拜用的垫子、一家
之主所戴的帽子、柱廊下的桌子以及整个神龛本身，都是用树干、藤
条或者麻绳做成的。

祭祖祀亲

　　迄今为止，任何一个到过中国的欧洲人，也不敢说对这个民族的仪式典礼完全了解。多年来盛行的个人崇拜导致发生种种荒谬的事情，其荒谬之处显而易见，如果获准进入中国人的佛殿、寺庙和衙门，随时可能会遇到一些令人惊讶的事情。

　　从风俗习惯中，我们发现他们与另一些古老王国有非常明显的相似性，我们不知不觉被引向如下结论：这个世界上的所有居民都是一个大家族的成员。在有关死者魂灵的混乱的仪式中，我们追溯一些祭祀的祭品，希腊人认为必须供奉这些祭品才能让冥界的大门为现世的冒险者打开，中国人为让死者灵魂得到安息而进献祭品，拉丁人为让无形幽魂跨越冥河而举行埋葬的仪式，似乎没什么区别，不完成这个最后的仪式，死者的魂灵就无法到达极乐世界，就无法得到安宁。但中国人的做法似乎并不单纯是为帮故去的朋友获得一张通向天堂的通行证，而是暗含着某种更为自私的东西，他们害怕他的鬼魂重新出来吓人。

中国人的祭品和古希腊罗马的神话之间有着某种相似。据信前者起源于一个王子亲赴阎王殿将母亲带回人间的故事，救母成功之后，他向同胞们讲述他在阴间见到贤德之人的福报和恶人受到的惩罚，并吩咐安排祭品祭祀故友的阴魂。我们不妨回顾一下，俄尔普斯的后人拯救欧律狄克，埃涅阿斯的后人求教于安喀塞斯，尤利西斯的后代诘问提瑞西阿斯，这些故事情节像诗歌本身一样老套，可是在但丁时代却并不遭人厌弃。

下界的王子在七月的第一天回到上界，月亮在八月的某个时候从天上消失，人们用祭品和祈祷来纪念这一事件，纪念活动在专门的祭坛前举行，目的是避免惹鬼魂发怒或是对中国人深信的阎罗王施加影响。人们为此临时搭建灵棚，墙上悬挂一些画得乱七八糟的图画，画中坏人被押解到阴曹地府，周围站着一帮凶神恶煞，烘托出一种恐怖氛围。祭坛是为死者的阴魂而建，并饰以哀告者所能提供的装饰品，和尚们在旁指导祭坛前的各种特殊仪式，伴随着低沉的呢喃声，僧人为死者的亡灵唱一首安魂曲。人们慷慨地进贡各种美味食品和大量彩色纸扎，他们想象这一切都是在天国的亡魂所需要的，等仪式结束时，各种纸扎会被送到庙内香炉里付之一炬，食物会填饱僧人的肠胃，信众们则吵嚷着各自回家。

江南寒泉山

　　有一位诗人曾用中国人惯有的夸张手法赞美寒泉的清爽气候和优雅的自然美景，诗曰："巍峨山巅白云间，洁白水源高处寒；泉水无心自翻腾，飞流直下聚新能；待到进入众人眼，雄伟庄严潮水满。"虽然距离苏州城西二十里远，这一风景如画之地仍成为休闲之人经常光顾的地方，研究中国艺术的人称这里是该国最受欢迎的抒情诗人们最常去的地方。中国的作家们为寒泉所属的太平山脉的矿藏和植被物产撰写了许多著作，有普通的旅游指南，也有关地形地貌的书籍，这些书都描写了幽深山谷、大瀑布、悬崖峭壁和高耸山峰的魅力。多亏有了在平原上拔地而起的寒泉山，苏州城才能享有这一屏障所带来的种种益处，免遭厉风劲吹，这一宏伟的山脉将居民们围在当中，就像

为了保护他们而竖起的一道壁垒，所以该山脉被誉为本省屏障。

皇太子姬发曾去寒泉游玩，他来之前刚好有一位高官的女儿在丫鬟陪同下在溪水中沐浴，她们发现有一队骑兵疾驰而来，便躲起来以免被别人看见。在远处看不清美女们的容貌，皇家扈从们起初并没有注意她们，当他们走近的时候却惊讶地看见，在换衣服的地方突然飞起一只苍鹰，喙上还叨着一样东西，人们的好奇心一下子被撩拨起来了，这只大鸟把什么东西叨到天上去了？美女们慌乱之中遗失了什么东西？人们纷纷猜测刚才那一群身姿妙曼的都是些什么人。这时太子来了，他的注意力很快被一只鞋吸引住了，那只鞋非常小巧秀气，他十分喜欢这只鞋，毫不犹豫地认定这是命运之神给他的奖品，现在他只想找出穿这只鞋的小脚。回到宫中，他在宝座上坐下来，臣子们聚在他身边，那只鹰又飞进阳台并径直朝王子飞去，将另外一只鞋扔到王子膝上，然后飞走了。没人怀疑是否有命运之神在干预，发现第一只鞋不足为奇，但苍鹰显然扮演了超自然的角色，于是皇室在全国发布诏书寻找这双鞋的女主人，并命女主人入宫，违者要处以极刑。没人敢庇护她，这位中国最美丽的女子只好服从王命，她走进觐见室，大厅顿时蓬荜生辉，她的美貌具有征服一切的力量，太子立即当众宣布立她为妻。在这个古老的传说中，我们能看到著名童话故事中灰姑娘的影子，可圈可点的是它在两个古老民族的习俗和行事方式之间形成了一个比照，中国故事中的准王妃，显然就是埃及人的罗多彼。

龙舟大赛

　　传说中曾使人类始祖堕落的坏人，居然会备受中国人的推崇，这件事真是令人非常讶异。

　　"在中国，没有什么东西比显灵、神启、预言、假神童和假奇迹更为人们所熟知，风暴、动乱、瘟疫、战争和叛乱逼得他们伤心绝望，内心充满了恐惧和痛苦。"学识渊博的利玛窦写道，"魔鬼通过许诺、奖励、好处和各种手段，让人们相信他的神性和伟大，只能崇拜他，不敢冒犯他。"不容否认中国盛行荒唐的偶像崇拜和迷信。

　　据说帝国的国运受到四种神兽的监护，它们分别是麒麟、玄武、凤凰和龙，麒麟主管文学，在圣人降生时能够见到，玄武主管美德，在德行普及或者世界和平的场合会现身人世，凤凰主管占卜，龙则代表着权威。龙这个神兽可非比寻常，它是中国人想象出来的，是中国的象征，被附在各种戒律、法令、文件、书籍和帝国的所有仪器和标记上。除了拥有权威以外，龙还会影响季节，并对天体产生决定性的影响。中国人认定日食为龙的贪婪所致，它偶尔会吞食太阳和月亮，使帝国处于一片黑暗之中，为了平息龙的愤怒，将其注意力转移开，就在每年五月初五设置了龙舟节。

为赛龙舟而建造的船只，船身很窄，其长度足以容纳四十到六十根船浆，船头是代表中华帝国象征的龙头，随着龙船以巨大惯性劈波斩浪飞驰向前，观众的呼喊声、管乐声和喧天的鼓声使船上的水手们勇气倍增。龙船不时与其他船只发生碰撞，几乎毫无损伤地从那些受害者身上划过去。船中央摆放一面牛皮大鼓，由三名壮实的鼓手同时奋力击打，一个小丑随着大鼓的节奏灵活地扮鬼脸、踮脚尖、扭臀部、仰天咆哮或伸展双臂，船头甲板上还站着两个人，手里拿着很长的尖戟，他们的专门任务是大声吼叫并挥舞手中的武器。虽然人们因为龙能行雨而崇拜它，但又战战兢兢地担心它会成为恶魔。人们认为龙是出于作恶的目的才会藏身于小溪和河岸斜坡之下，尽管海燕的危害可能比潜龙更大，中国的水手们却长期生活在对龙的恐惧之中，生怕恶龙会突然从藏身之处窜出，扑向毫无防备的受害者，将水手们掀翻到河里。这一民族节日表明，中国人的迷信前后不一致。他们在别的时候都认为最有权威的龙神，到了五月，他们却要去压制或者要将它吓跑，谁能想象偶像崇拜痴迷到在其民族的主要象征物上写上"飞龙在天"的金字题词，还要游弋于河上的货船也都去追求同样的意象？

海官放风筝

中国人有许多体育活动和节日活动，每个省都盛行打板球、斗鹌鹑、踢毽子、猜拳、猜单双等娱乐活动，这些古老而又特别受年轻人喜欢的游戏中，还必须加上一项最为人们喜欢的娱乐活动——放风筝。

竹篾轻巧灵活，特别适合用来制作风筝的主干和骨架，用丝绵或丝绸废料制作成的纸既牢固又轻巧，特别适合用来糊在竹篾和细绳绑扎成的风筝骨架上。中国人在风筝制作方面已经达到了精益求精的程度，风筝的每个组成部分都非常灵巧。他们用最富有想象力的饰品来装饰风筝，将风筝制作成各种各样的动物形状。一开始，他们将风筝制作成飞鹰、猫头鹰和各种鸟的形状，当绘着各种羽毛、用玻璃球充

当眼睛的风筝振翅高飞时,它们与原型的相似度着实令人忍俊不禁。

　　每年的九月初九是放风筝的日子,当这一喜庆节日到来时,家里的老人和孩子都会来到市郊的最高处,喜气洋洋地享受一整天放风筝的乐趣。海官的美丽山丘肯定会增加这项运动参与者的愉悦,前来参加庆祝活动的市民数不胜数,表明他们感受到了这项运动的魅力。当这一天的白昼行将告罄时,表演者们努力让他们的风筝相互碰撞或者让风筝线缠绕在一起,以便扯断对方的风筝线。如果不成功,他们便会像小孩子一样将风筝放手托付给风,任凭命运之神将它们带往任何地方。中国人独揽了风筝生产,一个主要的改进就是在风筝上穿许多孔,空气遇到小木棍会形成阻力,犹如风划过琴弦一样发出持续的嗡嗡声响,许多风筝一起放飞时,就会发出响亮悦耳的声音。

　　美国人富兰克林正是通过风筝这一手段,确认了闪电和电的特性;德·罗姆斯通过反复试验这个玩具,才制作出静电计;许多年后,风筝被邓西上校用于军队;在其他手段都难以奏效时,风筝成为搁浅船只与邻近海岸建立联系的通讯手段。除了娱乐,中国人并没有从风筝上获得任何别的好处,就如他们没有从指南针和印刷术中获得益处一样,这些东西所带来的真正好处都是由其他国家收获的。

船过大运河水闸

不论旅行家们如何肆意贬低中国的大运河，它都是现存的人类劳动最耀眼的丰碑之一。没有穿山越岭的隧道，也没有横越绝谷的水渠，它选择了自然水流，穿越了半个中国，其宽度和深度都是世界上任何一个还在采用引水灌溉的国家所没有尝试过的。运河河道在任何地段都不会窄于两百英尺，有些地方甚至宽达一千英尺。如果要通过浅水河段，就借助堤坝来完成，堤坝两边建有石壁，石壁内蓄起大量河水，水流速度达到每小时三英里，且随时保证水量充足。当运河需要提高水位时，就在半坡来完成，通过降低水位高的一边来抬升水位低的一边，使水闸内的水达到所需要的水量或者选择的水位，一次降低或升高水位不会超过五十英尺。凭借中央集权的权威，可以一次聚集数以百万计的劳力，中国那些最伟大的工程都是通过密集型劳动来完成的，除了必要的手用工具外，没有任何机械的辅助。大运河的水位从高到低是通过水闸来完成的，用像台阶一样下降的河道，每下降一级，水位落差从六到十英尺不等。闸门两边的河水由卡在两侧凹槽里的木板隔断，两道坚实的石拱将这一斜坡围起来，大船就通过这一斜坡向上或向下运动。坡堤上有很大的绞盘，众人推动杠杆带动绞盘，运河上满载货物航行的船只就是这样被升高或降低。在引导货船通过船闸时，需要特别小心，在通过斜坡时要让船保持一定倾斜角，手持重桨的舵手站在船头，其他船员站在两边的坡堤上，将垫板放下来以保护船只不受损伤，也防止快速经过的船撞上两侧的坡堤。由于开闸会放走大量河水，加上检查放行的手段既繁琐又笨拙，所以闸门只在规定的时间段打开，所有船要排队等待升高水位上行或者降低水位下行，每一艘运货船都需支付适当的维修费用和管理人员的薪酬。

文明的欧洲人也许会嘲笑这一方法的笨拙，嘲笑因循守旧的政府顽固地保留如此繁琐的程序而不用我们那样简单的水闸，但我们的发明有可能会让成千上万的人不能再到绞盘前去赚取那点微博的工钱，就中国目前的现状而言，引进机械或机器，只会对其拥挤的人口造成令人痛心的结果。黄河与运河之间的距离有九十英里，其间运河要经过一片沼泽地，水位比沼泽地高出约二十尺，要保持这一水位而不受闸门的阻碍，一定投入了难以计数的努力，也一定遇到过巨大的风险。河水经常冲决河堤，淹没村庄，曾经有一次，一位将军挖开河堤，以为可以引决堤洪水去淹没叛军，但后者逃进了大山，运河南岸却有一座低于河床的城市被淹没，结果淹死了三十万居民。

茶艺茶文化

　　我们不确定茶叶到底原产于哪个国家，中国还是日本？欧洲植物学家的知识尚不足以确定其原产地，也不能对它进行恰当的分类。由于它在植物学性状上与山茶非常相似，所以现在一般都把它归入山茶一类，不过它的花和叶子比山茶要小得多。这种亚洲植物栽培得非常成功，不管是否能在不同的土壤或气候环境中茁壮生长，或在别处是否广为人知，我们确信它自古以来就是中国民众最喜欢的饮品之一。

　　中国人称为"茶"的植物分作两种：绿茶和红茶。长期以来，人们认为绿茶是从红茶中提取而来的，但这一结论并没有充分的证据。这种观念的产生似乎源于中国有两个截然不同的产茶区，江苏省与浙江省通常被称为绿茶区，红茶则产于低纬度地区，位于福建和江西两省交界的大山脚下。人们认为茶区的范围介于北纬 25° 到北纬 34° 之间，但不能因为茶叶种植集中在这几个省，就得出结论说茶叶不能在其他省份种植，也不能因为绿茶在高纬度省份种植，就得出结论说它不能在低纬度省里生长。这种植物在多数省份都能生长，但绿茶、红茶主产区的产出会特别留起来，准备出口到欧洲和美洲。

茶叶品种的不同是由商业贸易来决定的，据说这起源于广东商人。红茶的种类有武夷茶、功夫茶、马黛茶、小种茶、清茶、开花香和橙白毫；绿茶品种有屯溪茶、熙春茶、嫩熙春、皇家贡茶和珠茶，有些茶在中国也并非尽人皆知，皇家贡茶又被称作"御茶"，只有在典礼上才品尝得到。御茶是由茶树的嫩叶制成，并非由稀有茶种制成，类似于法国神父、著名汉学家杜赫德所称的"毛茶"，据说是进贡给皇帝的专用浓香茶。皇家泡茶使用的茶杯也非同寻常，要配备一个带孔的银碟子，以便在冲泡时使茶叶滞留在杯底，另外还要准备一个由贵金属制作的茶盘，形状像一条小船。至于欧洲商人所熟知的茶叶，很可能只是价值不一、质量不一的混合品种，亦或是心灵手巧的亚洲人成功仿制的杰作。广东人出售一种优质茶，这种茶是用该省山上一种特有的苔藓制作而成。欧洲游客经常见到有人在南昌府或鄱阳湖上公开出售与此相同的蕨类植物，这种植物的汁液是很受人欢迎的饮料。有理由肯定，如果不将茶叶卖给外国商人，中国人不会按比例将它们混装。往茶叶里掺入几片茉莉花，是日本人用来增加茶叶芳香气味的方法，不能视作违反商业诚信，不会像其它添加物一样招致公众的责难。但也有人想很多鬼点子来增加茶叶的重量，并往箱子里面掺假，从我们与广州进行第一桩贸易以来，中国商人一直在这样做。

种种误解曾对不同国家的人产生过影响。有人认为茶在中国最早是用来防止麻风病的。北欧国家的人最早曾往茶里面掺烈性酒，经过蒸馏之后再饮用。人们如今已不再掺这些东西来冲泡茶叶，但另一些东西还被允许继续与茶混合饮用。茶对人类的作用在于其非常温和的麻醉和镇静功效，而且像其它小剂量服用的药物一样，它能提神醒脑，化学分析还没有在茶叶中发现它令人兴奋的原理。冲泡绿茶的功效远远高于红茶，喝很浓的绿茶通常会使人非常兴奋，毫无睡意。即便茶具有一定程度的镇定作用，在所有麻醉药物中，它的毒副作用也是最小的。茶具有很大的药用价值，适度喝茶能起到收敛剂和增强剂的作用。茶能增强肠胃功能，帮助消化，具有利尿和发汗的功效，但一定不能喝得太多。

在茶的高价值引诱下，一些有心计的国家曾尝试将茶叶移植到其殖民地或本土上去。荷兰人开始在爪哇岛进行种植，为确保成功，还从中国产茶区找来了栽培人员，这些小茶园一开始表现得很出色，但是不知道是因为这些工人不讲信用或选择的种茶地点有误，还是因为因政府不希望引起中国人的误会改变了主意，种植茶叶并没有达到最初预期的效果。

巴西人在圣塞巴斯蒂安附近进行了另一次尝试。在距离该城六英里的植物园里，政府花大价钱收集来自世界另一端的稀有珍奇外来物种。这里的气候和土壤都有利于茶树的生长，东方的植物在移植之后似乎也不会降低活力。然而一场政治风暴席卷了葡萄牙，这一事件不幸也影响到了曾经名噪一时的植物采集。要不是面粉厂长老戈麦斯的坚持，圣塞巴斯蒂安植物园恐怕早已淡出人们的视线。这位先生不愿接受失败，他在几位中国园丁的帮助下继续种植栽培茶叶，取得了巨大成功。"我（阿贝尔博士）去参观的时候已经过了收获期，已经多次有效地生产出了茶叶，许多别的中国植物也正生机盎然。"在亨利·埃利斯爵士和阿贝尔博士访问巴西之后，布鲁斯先生在印度阿萨姆邦也发现了野生茶树。布鲁斯沿着雅鲁藏布江寻找，从下阿萨姆邦的斋普尔一直到上阿萨姆邦首府古瓦哈蒂，终于在一片丛林的树荫下发现长得非常茂盛的野生茶树。在发现者的监督下，在中国栽培者的帮助下，有理由认为它最终有可能与大叶茶（在英国称作武夷茶，在中国称作大叶茶）进行竞争，英国已经建立了一家公司，从阿萨姆邦进口优质茶，以鼓励茶文化和茶叶贸易。

茶在中国很流行，米尔恩牧师说："在商店和游客川流不息的地方，家家柜台或茶几上都摆放着一把盛茶水的大茶壶，茶壶周围摆满了茶杯，这是为口渴的顾客准备的。人们喜欢储备雨水来应对干旱，节俭型家庭会将巨大的水罐放在屋檐下面，接住每一滴落下的雨水。除了绿茶，中国人在喝红茶时不喜欢喝浓茶，而且喝的时候不往茶里面添加牛奶或白糖。"中国的茶馆和英国一样普遍。

茶船装货

在福建省九曲河的支流上，有一个浪漫富庶而又引人瞩目的地方，这是一个因茶而闻名的度假胜地，也是这一地区主要的茶叶集散地，茶叶从这里被运往广东或其他市场。这里的丘陵和山谷有利于生产中国茶，茶树本身经过仔细的检查，茶叶的特性已由欧洲人确认，比其他地方的茶叶检查得更细微和更慎重。

播种时，将几粒茶树种子扔进专门挖好的洞中，这是从经验中得来的栽培方法，因为寄希望于单独一粒种子风险太大。茶苗长出地面是需要格外精心呵护的时候，要防止昆虫来袭，预防狂风劲吹，万一茶场离河流较远，还需要引入人工沟渠进行巧妙灌溉。因为产品是茶树的树叶，所以要等它长大，在三年内或者在长到四英尺高之前是不能作任何采集的。达到树龄之后，就可以开始采茶了，当然要按照最有序的方式进行采摘。最嫩的茶芽最适宜冲泡，因此要早一点采摘，绝不能鲁莽采摘，以防危及茶树未来的活力，否则今后就采摘不到茶叶了。树叶初次抽芽或长出嫩梢的时候，上面覆盖着一层绒毛，这是优质银白毫。如果让它们再长几天，茶芽上的毛开始脱落，叶片扩展开来，就成了白毫红茶。在同样的茶树上，新长出的细叶子嫩芽就是小种茶，质量次之的是坎波伊茶，质量再低一点的是功夫茶，最次等是福建武夷茶。

栽种茶树的行距约为五英尺宽，其间的土沟不能长杂草，以防止虫害。茶树不能长得太高，因为长高了不方便采摘。老茶树的叶子不宜使用，茶树长到第八年就要移除掉，让位于年幼的茶树。茶树开出的花呈白色，其后会结出绿浆果或绿荚，每个荚里包裹着一到三颗种子。就时间和质量而言，三月是一年中适宜采茶的第一个月，为此要有大量的准备措施，采茶者通过特定程序来做好自己的准备工作。在收获开始前的几周，她们不能吃味道刺激的食物，采摘茶叶的时候要戴手套，每一片茶叶都要分别采摘，一个熟练工一天可以采摘十二磅茶叶。四月是第二个采茶高峰，这个月所采茶叶只能制作品质低劣的茶，采摘时的必要准备比第一批采摘时少。如果这时看见小巧的茶叶，也会挑选出来，当作第一批采摘的茶叶出售。五、六月的劣质茶叶也会采集，甚至更晚些时候的也一样。早期的茶芽，叶片小气味芳香，基本没有纤维和苦味，第二道采摘的茶叶色泽暗绿，最后采摘的茶叶色泽更暗且粗糙。茶叶的质量会受茶园年龄、茶树采光度、土壤性质和栽培者技艺的影响。

采集来的茶叶被放进宽大的浅蓝子里，经过几个小时风吹日晒，之后再转到深一些的篮子里送到烘干房烘干。烘干房是所有产茶区都能看到的公共设施，烘干过程要么由业主自己监管，要么由烘干房的仆人监管。一般情况下，多个灶台在一侧连成一排，上面要么放着薄铁盘，要么放着热锅，加热到扔进一片茶叶会发出噼噼啪啪的响声时，就已可以进行烘烤了。将大量茶树叶放进铁盘里，用一把刷子迅速翻炒，以防它们在受热过程中被烤焦，茶叶开始卷曲时从铁锅中扫出来，摊开在垫着纸的桌子上或放在其他光滑的地方。一组人员在桌子旁用双手继续转动茶叶，另一组人用大扇子给茶叶降温，从而加速茶叶所需的卷曲度。再重复两次甚至三次相同的程序，直到生产者认为它们已经完全冷却，并卷曲到了适当的程度。粗茶是最后两个月采下的茶叶，纤维多，还有一种苦涩味，需要经过热水冲洗后再放到灶台上，如果制茶师技艺娴熟，它们的外观和质量都能得到有效提高。烘干的茶叶要在储藏室里放上几个月，再拿出来才会被送去市场。

种植者与茶叶厂有显著的区别，农民会悉心分开不同质量的茶叶，然后把茶叶卖给厂家，地点可能在自己家里，也可能在附近市场上。厂家将购得的茶叶运回自己的工厂，从每一等级的茶里取出一定比例的茶叶，把它们混合起来生产出他想要归入某一等级的茶叶。农民是分拣者，而制造商成了集中者。种植、栽培、采摘、烘干、分拣和混合都已经完成了，剩下的工作就是将茶叶放进箱子里踩实，用简便的形式将茶叶运到陈塘码头或其他茶船上，然后运往广东和澳门。

镇江河口

　　几条支流汇入金山附近的扬子江，使得这条美丽的大河具有了内陆港湾航道的特征。当地领航员们利用这一优势，使这里成为停泊地，从这里将货物运往遥远的地方或者为别人运回货物。大河两岸的美景美不胜收，金山岛一度成为皇家最喜欢的休憩场所。镇江河口对帝国的安全起着至关重要的作用，这里是阻止敌国舰队前进的要塞，是通向大运河的锁匙，在这里停泊几艘大型军舰，既可以封锁住经运河往北京的通道，也可以封锁住经扬子江往南京的通道。中国人的被动和平政策，使他们觉得没必要强化这一段河道的防御。修建在木桩之上的码头或堤岸在大河上延伸出几百码远，用作货运帆船的装卸地或登陆点，河水不断冲刷的峭壁崖底修建了储存货物的仓库，这里的货物要么等待重新装船，要么直接出售。河边有一处高大的山岩，犹如平地升起的圆台，庇护着这个小港口的官衙。岩石裂缝深处长着大片的苔藓，地上散落着松树的树叶，苔藓和树叶的点缀将岩石分割成各种奇特的形状，呈现出各种美丽的色彩。令人惊讶的是岩顶居然有一排熠熠生辉的白色屋子，好似塔塔尔人的圣殿，屋里驻有军队，目的是保护这条河及周围的大城市。山岩上开凿出了一条路，像钟楼的旋转楼梯一样环绕着山岩而上，攀登上去很累人，除了城堡里的居民，很少有人会走这条路。

岩顶的表面既宽敞又肥沃，足可以为驻地居民提供水果和蔬菜，山岩上的松树和柏树长得很茂盛，形成了一个完美的遮风避雨之地。站在面朝北方的最高点，可以饱览宏伟的全景，脚下能看到镇江城的码头与航运，来来往往的渔船，稍远处那条宽达两英里的大河庄严地蜿蜒起伏延绵很远。图中央是富饶的金山岛，披着最繁茂的枝叶，偶尔可见到地表上优雅地伫立着宝塔和寺庙，对面能看到大运河进镇江河湾的河口，一条花岗岩的山脉沿着长江北岸延伸直至消失在尽头。好一幅美丽动人的画面！没有什么文字能比眼前的美景更让这条大河引人注目，兴旺的贸易使其显得分外美丽，在面临基督教势力的入侵时，也没有什么东西能比这条河对帝国更重要。

镇江银岛

　　在金山的视野范围内，在镇江以西宽阔的水域中，美丽的银山升起在江面上。比起受宠的金山，银山不那么高大险峻，也没有那么多宝塔和宫殿作为装饰，但仍然是赏心悦目和诗情画意的。丰茂的植物遮住了银山的顶峰和两侧，小屋、别墅从掩映它们的深绿色浓密植物中探出头来，水深的地方停满商船，船影清楚地倒映在身后青翠的水面上。维多利亚女王的船队就停在靠近这些美丽岛屿的地方，一支强大的分舰队已经在镇江登陆，中国人对帝国的迷信从那一刻起便烟消云散了，陌生人已经找到一条通往中国内陆城市的最佳道路，而与外国人的来往向来被中国统治者认为太过危险，不能尝试。英国和大清帝国之间的这场较量，由英国军队对金山、银山及其周围宽阔水域的占领，轻而易举地取得了胜利，清政府立即决定慎重对待侵略者们早前提出的条件。

　　大约在六百年前，这里修建了一座佛寺和学宫，因为非常有名，所以对寺中僧侣和自然美景的赞美，就成了诗人佳作的主题。一个曾经住在这里的宗教骗子声称他在这座古寺里获得了前所未有的能力，可以不惧刀刺、火烧和严刑拷问，这让他骗得了大量财富，那些上当的人不愿出面承认自己被骗了，他也以为自己得逞了。皇帝听说了他的罪行，便下令用"凌迟"或叫"千刀万剐"的酷刑把他处死了。

焦山行宫

　　距江南省会清江府东北三英里处，从扬子江宽阔的水面升起风景幽绝、山石险峻的京口三山或叫镇江三山，大自然的慷慨赐予使它们成为皇家禁地，这三座山分别是金山、北固山和焦山。金山或许是中国最浪漫宜人的地方之一，曾被称为"浮玉"，由于山脉含金，所以有了这个名字，这里还有一处净水泉，可给周边地区的官员供应清冽的泉水。

　　焦山比金山地势更陡，地貌也更丰富，四周全是高崖，除了从悬崖峭壁间开凿出来的上下山的地方之外，没有其他的登陆点，从登陆点经过无数级石阶可以到达山上的宫殿、寺庙和其他建筑。汉朝隐士

焦光博学简朴，他从帝都悄然来到这个江中小岛上，与世隔绝隐居了多年，为了避免被发现，他改名换姓，他的亲戚朋友及故交都不知道他的隐居地，他在此的结庐留存至今。如果不是一场意外的大火烧毁了他的住处，让河上的船夫发现了他的行踪，他本会在此度过平淡的一生，然后默默无闻地死去。人们发现他几乎衣不蔽体地在山间辗转，常常幕天席地，餐风卧雪。在确定了他的身份后，皇上派人来到岛上，三次到隐士经常去的幽谷传诏他重返朝廷，但无功而返，焦光已经彻底放弃了那个汲汲营营之地。焦山隐士的故事并不是传说，他的传记被杨沙收录进去，并为他的隐居撰文说明。为了纪念三诏求贤，这里便被称为"三诏洞"。

焦山地貌崎岖，风景如画，无与伦比，净慈寺门口的石碑将此山称为"天下第一山"，据说孔徒武是这个简短但备受赞誉的纪念碑的作者。沿石阶而上，便可从登岸处到达山上洞穴，摩崖上雕刻的"浮玉"二字清晰可辨，这两个清晰的大字是由宋代书法家赵孟頫所书。另一个影壁上刻有"石屏"二字，描述了它的特征，即作为屏障挡住横扫过河的北风。焦山上有一座小庙称作观音阁，庙前种有茂密的竹子，透过竹林隐约可见金山岛的优雅轮廓。岛的东峰顶上屹立着吸江亭，此处原本有座宝塔，在洪武年间毁于一场大火，洪武是明朝的第一个皇帝统治期，废墟上建了奉先殿。最高峰上是宋代的拓碑亭，这个地方以前是罗汉岩，即佛弟子的山中梯田，宋代皇帝题了三个大

字以吸引后代注意。从高处远远望去，可以将三座岛屿、清江府及周围大小村落的风景、扬子江蜿蜒的流水尽收眼底。中国的地质学家说这里是"天眼无极限，但有云之宽。不在江之上，却处风之帆"。

由于对古物的神化，信徒的拥护尊崇，传奇的包装渲染，中国皇上下令保留焦山上宝塔寺庙围墙内的废墟残垣，重修祠堂，并修建适合接待皇帝南巡时的住所。这个命令得以顺利执行，当年的春秋季节，皇上可以在山中的雅阁享受清爽的微风，从窗扉观看鸬鹚捕鱼。一位旅游者说："我们看见右边有一个宽广的湖，有五六条小船上满载着捕鱼鸟，他们把这种鸟称为鱼鹰，或叫鱼鸭。我们说服一个渔民把船靠岸好仔细看看它们，它们站起来和鹅差不多高，但没有鹅那么重，嘴很长，像所有以捕食鱼一样滑溜的对象为生的鸟一样，上嘴尖端有钩，背上是浅黑色。人们不愿意卖掉它们，因为训练它们为渔船捕鱼的难度很大。它们的脚被拴住，用一个环松松的套在脖子上，以防它把鱼吞下，绳子的一头绑在脚上，一头绑在一根长竹竿上，当捕鱼鸟潜水闲逛的时候，它就被竹竿拉回船边。当它懒惰的时候，渔夫就用竹竿来敲打它的背，将它赶下水。

焦山比旁边的两个岛更著名，不是因为它粗犷的石台，而是由于临近河水的摩崖石刻"瘗鹤铭"，以及两块高大修长的岩石，就像怀特岛西端的方尖石，中国人称之为"海门"。

聪明的中国船工

　　在长江北岸，从长江延伸至南京城墙的运河对面，可以看见浦口县城那七歪八倒的城垛。这些原始防御设施从来就没有足够的高度和强度，它们能够保留下来，与其说归功于坚固，不如说归功于当地温和的气候和居民保守的性格。冷清的瓮城里长满了灌木和野花，这就是中国人对古迹的尊崇，大自然在城墙之内占据了上风。高高凸起的山岩上，有一座被人遗忘的宝塔巍然屹立在河边，塔有五层高，建在一个基座之上，从山石的坚硬程度来看，根本没必要修建塔基。从其朴素的装饰和风格来看，很可能供奉的是大风大浪，而不是佛祖，而佛教徒们是不会荒废一个如此适合信徒参拜的上佳位置的。在中国好几个地方都发现了类似的风神庙，既无住寺的僧人，又无保护者，像浦口这座被遗弃的宝塔一样听之任之，全凭它们的保护神垂怜。

靠近南京的区位优势，为这一地区的农村人口提供了充足的就业机会，这里的水运便利是他们的主要优势，劳动力充裕且很廉价，中国人比我们知道的任何其他民族都更精于各种手工艺。图中是一个浦口的菜农，正满载一船很重的蔬菜和水果，把他一根竹竿竖在船上做桅杆，张开船帆，将帆绳挂在身旁的插梢上，嘴里叼着烟斗，头上戴着一顶宽边斗笠，开始了他的航程。风鼓起船帆，他用一只手控帆，另一只手掌舵。船上一支浆闲着，他用单浆，既能把握方向，又能推进。在这只满载货物的船旁边，渔民们正忙着用他们训练有素的鱼鹰捕鱼，以供应南京水产市场。

南京

　　适应地势变化，受到季节性洪水的限制，南京古城的城廓很不
规则，一部分地区高山峻岭，在上面可以观赏整个城市和近郊的景致，
另一部分地区则密部着住宅。

　　城市西南角是衙门所在地，那里有一道水门，通向一座横跨运
河的四孔桥。中国人引以为豪的非常著名的大报恩寺塔就位于这附近，
它曾俯瞰人间许多个世纪，可惜在 1856 年被太平军炸毁了，只留下
一片废墟。向东能看到被城墙围起来的瓮城，越过城堡往北有陡峭的
小山，高度堪与宝塔的塔尖媲美，有些山峰在这幅画中也能看见。远
处蜿蜒的长江就像一个内陆海，宽阔的江面一直延伸到山脚下，运河

与这条大江的交汇处距离南京城约三英里。离大报
恩寺塔原址不远处有一座四合院，院落尽头有一个
大厅，看样子像是学堂。对面是个小庙，有闲散和
尚居住，那些和尚依靠公众的慷慨过着舒适的生活，
大片未开垦的空地似乎是这个慵懒群体的产业，他
们不屑于劳动，不以乞讨为耻，也或许是因为一些
宗教禁规，这些土地看来是要永远荒废了。

　　鸟瞰南京，可以对中国人的社会结构和城市街
道布局有一个大致了解，方方面面都规规矩矩。考
虑到中国的人口稠密度，中国的政治家有理由推断，
在这个古老的专制国家里，司法管理很重要，不需
要给臣民自由。英国战舰康沃利斯号和布隆德号沿
着秦淮河进入这座城市的西北角，在这里停泊并将
城墙轰开了一个缺口。这幅全景图取自寺塔之上，
图中清晰可见七英里长的柏油路，这条路从城门直
通长江边，右侧是古城的瓮城，左侧余下部分是城郊。

南京报恩寺塔

　　欧洲人不太理解中国人建造这些高塔的目的，事实上他们自己的民众也未必清楚。可以确定这些宝塔在某些情况下是用于佛教祭祀的，但它们的造型对于举行宗教仪式并不方便，因此我们只能得出这样的结论，它们是象征性的或纪念性的建筑。宝塔在中国起源很早，历史记载并不清楚，这种情况与爱尔兰的塔柱有着惊人的相似之处。尽管很早就有许多博学的考古学家全力调查，但对这些爱尔兰塔柱的起源、年份或用途仍不得而知。哈里斯认为它们是苦行柱，就像修士西门坐柱四十年一样；里德维奇认为它们是钟塔；维纳西则认为这些建筑是为巴力或太阳神竖立的火塔；一位不太有名的作家提出这些建筑白天是地标，晚上作灯塔；蒙特莫朗西·莫里斯认为它们是避难处，就像

埃及科普特人建立躲避危险的修道院一样。一尊石
棺的发现让人相信,这些塔柱就是像东方国家的金
字塔一样,事实上是坟墓。亨利·奥博伦给皇家爱
尔兰协会提交过一篇讨论爱尔兰历史的文章,这篇
文章提到有大量资料证实爱尔兰的圆形塔柱和佛教
信仰有关,但就算这种建筑形式可能源于东方,也
没有证据证实佛教曾在爱尔兰普及过。

我们试图向中国学者了解与塔相关的书面记录
或口头流传,他们对此一无所知,却一口肯定所有
的塔都是属于佛庙的,而实际上有的庙是为风神或
其他神仙所建,有的是为感恩与智慧而建,有些塔
处于摇摇欲坠的状态,人们现在已经不到它们跟前
朝拜了。

南京琉璃塔的历史资料被附近寺庙的僧人保存
了下来,如果他们的叙述可靠的话,那分析它的起
源就有了坚实的基础。曾德昭神父 1613 年至 1635
年间居住在南京,他说这座琉璃塔"足以媲美古罗
马最著名的建筑";孔特 1687 年曾见过该塔,说"这
无疑是整个东方构造最好最庄严华贵的建筑"。这座
塔专用于佛教祭拜,名为"报恩寺塔",又名"琉璃塔"。
在这座塔的位置上曾经耸立过一座供奉阿育王的三
层方尖塔,阿育王是保佑所有动物蔬菜的佛。公元
240 年,大武皇帝修缮并装饰了这座塔,改名为"建
初寺",后来毁于大火。在这个地方先后建造过一座
又一座的寺庙,每座庙的命名都突显了其建造的目
的。最后就有了这座辉煌的琉璃塔,在中国人看来,
它的重要和神奇仅次于长城。

南京秦淮古桥

　　南京城并不紧临扬子江，而是距离江边有三英里远，有一条既宽且深的运河与长江相连，这条人工运河与这座城市的西南城墙平行，离城墙很近，跨越运河的桥梁都是非常朴实的古建筑。距报恩寺塔原址不远，一座南京最大的横跨运河的主桥把郊区与城墙西门联系了起来，大桥由四个高低不一的拱形桥孔组成，几乎与运河两边的河岸保持在同一水平面，真乃是科学杰作。

　　中国的大桥在各地似乎是按照不同的原则修建的，在一个地方会按科学，在另一个地方则可能完全无视科学。从这个角度说，对中国的各种建筑，我们既不能予以谴责，也不能给予掌声。在一个地方可能会发现类似于英国早期的尖顶拱门，在另一个地方又有很多马蹄形或摩尔人形状的桥梁。园林内的观赏桥，无论拱形还是扁平的，大多都只有一个桥孔。修建在通航河流上的大桥桥墩很高，即使有两百吨重的帆船从桥下经过，也不会碰到船上的桅杆。常见的是大跨度的单孔桥，也有不少多孔石桥，苏州附近的石桥就有多达几十个桥洞。

中国优雅的单孔桥，充分说明美与力量是不可分割的。石头被切割成圆孔的一段，不用楔形石，而是将木头嵌入桥孔凸面，再用铁闩穿过石头，将其牢牢地固定在桥上，将弯曲的石头榫接成较长的横向石块，再用小一点的石头砌成圆形桥孔。长城上所有碉楼的石拱门也都是这样砌成的，有人考察了这一工程奇迹，称其为历久不衰的完美建筑典范。

中国人完全掌握了拱形砌体的技术，而且是先于任何其他国家掌握了这一技术。在印度的古寺里也发现过在坚硬的山体上挖掘拱门的例子，但在将拱门修葺在石柱上方时，仅仅是将石头堆砌在柱头之上，就像倒置的台阶，直到石头在两根石柱

上方相结合，远处看上去就像天主教拱门一样。波斯人和埃及人似乎都不怎么熟悉圆形拱门，波斯波利斯、巴尔贝克、巴尔米拉和底比斯遗址中都没有出现过这种形状的门。在奥古斯都之前的罗马人的建筑中，似乎也没有怎么使用过拱形。庞贝古城出土的碎片表明圆形拱门的规模很小，不可能用来支撑很重的建筑，主要是用来作修饰。据中国的史书记载，早在西方各国了解这一发明之前，万里长城上的碉楼拱门就已经修建完工，其他间接的证据也说明这一美观而实用的发明的确最早起源于中国。

南京运河大桥修建在结实的砖石桥墩上，全部用花岗岩建成，圆形桥孔由楔形石头砌成。他们一点也不担心大桥的稳定性，大桥两侧修建的住宅就是证明，成群结队的牛群、快速行驶的马车和齐步行进的军队（这种摆动对大桥是最严峻的考验）都构不成对大桥的损伤，一定程度上验证了桥梁结构的承重能力。南京运河大桥的一侧是巍峨的南京城墙，另一侧是非常著名的大报恩寺塔，图中一艘皇家御船已经驶抵，船上载着前来与英国人交涉的钦差大臣。

太湖碧螺寺

　　临近太湖东岸，星罗棋布着许多小岛，不少岬角伸入到湖水之中，湖边群山环绕。当地居民致力于让这些景色更加美丽动人，他们在险峻的山脚下修建了一些别墅和农场，山脉沿着湖边延绵好几英里。两座细长的宝塔成为菠萝湾入口的标志，一座立于一条岬角的绝壁之上，另一座矗立在一座岩石小岛的顶端。流经这里的湖水永远是那样平静，只有货运帆船的往来经过才会暂时打破它的宁静。这些货船运出棉花，运进从大城市杭州经大运河而来的外地农产品。这里的商品贸易很活跃，而且利润丰厚，于是就建立了一个税务衙门，衙门门前有高大的圆柱和黄龙旗作为标记。

　　这是个风景如画的地方，令人赏心悦目，引人驻足。这里耸立着一座碧螺峰，失恋或被遗弃的恋人经常来这里敬神，庙内有一口井，据说能够治愈爱情的创伤，促进爱人们相互依恋，治疗的方法因各人病情而异，无望的恋人可以大量饮水或将一根燃烧的火炬投入水深处让其熄灭。墙上挂着一幅女娲的画像，据说她在峰上住了许多年，死后便将此地留给了饱受相思之苦的恋人，成为他们的庇护所，人们怀疑女娲本人是否也曾有过单相思的经历。不知道这位女娲生前是不是异常美丽，也不知道她的肖像和她的真实长相是否相符，许多寂寞的小伙子慕名而来，之后就会迷恋上这位仙女，他们着迷的目光就再也离不开那幅画了。在中国，女姓神仙是值得我们注意的，除了王母娘娘外，中国的宗教一般认为女性不能进入天堂，只有转世投胎才能完成这一崇高目标。寺庙背后高耸太湖水面之上的那块岩石，为伤心欲绝的人儿提供了终极手段，从那令人头晕目眩的高处纵身一跃，就可以治愈只有任性的丘比特才可能给他造成的最深重的创伤。

太平昭关

　　在江南的繁华城市中，太平府的政治重要性仅排在第十二位，但就风景如画的地理环境和精致文明的生活气息而言，太平当数第一。在自然环境方面，太平府得天独厚，气候温和，土壤肥沃；在手工艺质量、水果蔬菜产量以及宗教影响等方面，它足以与帝国最大的城市相媲美；印度墨水、日本制品、米纸、棉花和丝绸等是最有利可图的货物，这里的鱼产量也很高，盐、大理石和煤炭的采购量都相当大。

　　三条可以通航的河流在此汇聚，这些长江的支流吸引着商人、制造商和营运商云集于此，官府专门在这里设立了昭关。河流上搭着船桥，随着水位上下浮动，比起永久性木构或石构建筑来，这种移动性建筑可以使航行较少障碍，遇有战争，桥很容易被摧毁，但修复起来也快。绕城修建的城墙有二十英尺高，城墙周围是高低不平的砂岩地貌和幽深的峡谷。城内有许多庙宇，供奉着孔子等大贤，中华帝国拥有一大批杰出且真有学识的大师，他们的学识远胜过卑劣的宗教骗子。

太平府很早就已名声赫赫，历史上很多皇帝曾授予此地各种特权。在大禹时代，这座城市曾隶属扬州；在孔夫子时代，它是吴国的疆土；在战国无政府时期，又分别属于楚国和秦国。目前的称呼"太平府"，是中国的第二十一个朝代——明代所赐。

在中国古代传说中，没有比太平府的昭关更为有名的了，伍子胥过昭关的故事体现了这个国家的文学品味。伍子胥的父亲伍奢是楚国的太子太傅，因为在国王流放王子一事上冒险劝谏，自己也被罚与王子一道流放。远离朝政若干年之后，太傅被召回朝廷，朝廷要他将自己的两个儿子也一同带到朝廷去补缺，其中一个儿子听从父命，愚忠不讲信用的君主，结果和老父亲一道被处死。国王意识到，那个幸免于难的儿子一定会找机会为他的父兄复仇，无异于一条横在前方道路上的毒蛇。于是国王命令丞相的弟弟郝思明去追捕那个幸存者，不论死活都要把他带来，郝思明奉命立即带着三千骑兵出发了。得知了这一消息，子胥决定逃走，可是敌人来得太快，他来不及带走家人，他的妻子一头撞死在家中墙壁上，他自己则翻过围墙，一名忠实的仆人牵着马等候在那里，他骑上马落荒而逃。

追捕者们马不停蹄地追赶，进入了一片密林，有条小路穿过这片密林，子胥预先将马拴在远处的一棵树上，自己躲在暗处等待追兵，他朝着骑兵首领瞄准射了一箭。这一箭射穿了郝思明的心窝，把他的手下惊呆了。趁着郝思明之死引起的混乱，子胥伏身悄悄来到自己的坐骑前，飞身上马继续逃亡。几位追捕者猜到了他的逃跑路线，但很快就为自己的行动后悔了，因为子胥箭法高超，追捕者重蹈覆辙，成为了靶子，全部被他射死。

逃离一个险境，又遇到了另一个危险，这次子胥遇到一队骑兵，逃跑已不可能，于是他大胆地拍马向前，却惊讶地发现来者并非敌人，他们也非常厌恶那个使他家破人亡的暴君，于是他继续前行。上帝一直在保佑着他。他遇到一个农民，交谈后得知，这位农民也为自己国家的命运而哀叹，并真诚地希望那位专制暴君垮台，他向这位农民打听清楚了去宋国的路，赶到宋国。被流放的王子在宋国组织起一小支部队，但是国王的军队人数众多，王子没有任何取胜的希望，双方刚一交战，王子就战死了。王妃不能忍受巨大悲痛，也自尽了，她在死前将儿子托付给丈夫的朋友保护。子胥带着小王子，手持宝剑，从敌军中杀出一条血路逃走了。在这次绝命的冒险行动中，他受到八十名勇士的护卫，为首的勇士是他父亲的追随者。他们动身前往郑国，当时的中国四分五裂，郑国是若干小王国之一。郑国丞相将他引见给国王，伍子胥的成就、学识、武艺和男子汉气概得到国王的青睐，国王请他在郑国多逗留一些日子，并要将唯一的女儿许配给他，子胥同意了，此事迅速在大臣中流传开来。国王设宴款待，宫中有身份的女眷也来出席，其中就有公主的养母，因为养女要与如此杰出的英雄联姻而喜出望外，这个愚蠢的老妇人情不自禁地将子胥指给其他女眷们看。在中国，这种做法不仅鲁莽，而且是不礼貌的，她的无礼使得子胥勃然大怒，当即婉拒了这桩婚事，于是他不得不离开郑国宫廷，再次面临重重无法预见的困难。

楚国国君听说子胥到了郑国，立即请求郑国国君切断子胥的逃路，并且派出两位将军去太平昭关拦截他。

强行闯关肯定不行，伍子胥采取了相反的策略，他把自己装扮成行走江湖的商人，让小王子替他拿着包裹，他们白天走人迹罕至的山间小道，晚上就在树林或山洞里过夜。这种吉普赛式的生活方式严重影响了小王子的身体健康，也警醒了伍子胥，他决定冒险向郎中求救。他们去找郎中，遇到一位白发老翁，老翁手里拄着一根竹杖，既可用来探路，也可用来支撑自己老迈的双腿，伍子胥刚向他描述公子胜的病症，这位老翁立即就认出了这两位是什么人。医生的忠诚与人道在所有国家都是公认的，他们不会泄露病患的任何秘密。这位老中医已经瞧出了他们的伪装，为了帮助他们通过船桥，他设计了一个计谋，让一个容貌身材很像伍子胥的邻居穿上子胥的衣服，骑上子胥的马，装作胆怯的样子前往桥头，其余的人则装扮成仆人跟在他身后。假伍子胥一到桥上，立即被守卫抓了起来，其他随从没有引起注意，也没受到盘问，都顺利通过了，因为守桥军士认为他们已经完成了国王下达的任务。被抓的人抗议，称自己不是伍子胥，可他越否认对他的指控，守卫士兵就越相信他们抓住了真正的伍子胥。老中医故意从那里经过，听说了这一情况，便前往监狱指认那人是他的邻居。

这一计策让逃亡者赢得了喘息之机。他们继续逃亡，来到吴浪河边，一个渔民载他们过了河，但子胥担心渔民会暴露他的行踪，于是请求渔民保守秘密，那位船夫向他们庄严承诺，与他们告别后便将船划到河心，他们目睹船夫扯下船帆，连人带船永远沉入了河底。子胥登船时，河边还有一位洗衣服的妇女，要是她泄露他们的路线，后果也同样危险。于是子胥对她讲了自己的真实身份，并请求她保密，船还没划到对岸，就看见她将自己吊在岸边的一棵树上自杀了。

子胥和小王子奇迹般地逃出了为他们设下的重重陷阱，最终抵达了吴国。小王子登上了王位，他任命子胥为统兵将领。子胥率兵攻入楚国领土，报了父兄被杀之仇，被誉为中国历史上的科里奥兰纳斯。

天堂行宫

　　朱庇特会离开奥林匹斯山来到凡间成为凡人的座上宾，冥王也会离开幽冥地府去参观克勒斯女王的宫殿，而天朝的独裁者从来不肯纡尊降贵来到民间，除了帝王居所之外，他不会莅临任何官员的宅邸或臣民的旅店。当皇帝出行或施政巡游时，要住在专门为他修建的行宫里，全都位于风景如画的地方，行宫修建得奢侈无度，尤以北京的宫殿和皇家花园为最。

　　江苏是一个土壤肥沃、风景如画的省份，它四季分明，拥有各种景致。"这里的乡村更美丽，这里的人也更有教养，在各个方面都更加有趣，远处群山美丽如画，我们很快就置身其间。在着装和居所方面，这里都展现出超乎寻常的富庶和繁华。"苏州在江浙二线城市中排名第一，因其浪漫的风景、居高临下的位置和古老的传说而成为中国最有名的城市之一，在苏州城西北约九华里处的山丘之间，坐落着虎丘山帝王行宫。因为在平地上有奇峰突起，成为对船家极有价值的地标，故这一组高大的岩石山峰又被称作海上奇峰，这里的每一座山峰、每一个山坳、每一道沟壑，都令人好生羡慕。剑池位于最高峰，剑池旁有千人石，剑池对面是生公说法的讲台。相传吴王阖闾就葬于此处，安葬时还举办了与其身份相符的隆重仪式，下葬之后第三天，有人看见一只白虎盘在他的墓碑上，并在那里盘桓了好几天，随后几年这只白虎都会定期造访墓地。据传，当统一中国的秦始皇想要毁掉吴王墓时，吴氏家族的守护神白虎就出现在以它的名字命名的虎丘上，阻止了秦始皇的意图。

虎丘的历史典故，加上其自然美景，吸引了秦朝官员王珣、王珉两兄弟，他们在峡谷营建别墅。虎丘上的庙是团蒲庙，与之毗邻的是五圣轩，又称五圣祠，里面供奉着三位唐代圣人和两位宋代圣人。有古董文物，还配有各种文字说明，吸引了人们的兴趣。

中亭和毕公堤遗址，也是中国人最为尊崇的遗址。生公是著名的高僧，据说有一天他正在中亭对弟子们讲道，宋朝皇帝请他和弟子们吃饭，中断了他的讲道。众人正欲欣然响应时，有弟子提出："僧职规则严禁信徒在午后享用食物。"皇帝说："那怎样才能在正午吃午餐呢？"生公回答："当白昼来临，天堂正时值正午，怎么不能开始呢！"沉默了一会儿，高僧举起筷子开始品尝摆放在他面前的美味佳肴。为纪念当时的情景，他给这座亭子取了这个名字。许多年后，这里成为另一个高僧左道生的居所，左以圣洁和学问渊博著称，他发现自己吸引不了世人注意，民众是"缺少思想"的堕落一代，于是他拉来许多大石头堆在自己简陋的山中讲坛四周，对着冰冷的石头继续讲经说法，这些沉默的听众对他的讲道深表赞同，并在原地一直保持着这种赞同姿势。

行宫的后面有岩石跨越深谷与对面的崖壁相连，崖顶上是美丽的虎丘宝塔，宝塔原本是河神庙的一部分，塔上视野开阔，令人愉悦。虎丘的最大特色在于其深邃的沟壑，深谷中清澈的流水声不绝于耳，在阴暗的峡谷最深处有小道曲径通幽，终年不见阳光。没有什么地方能比寺庙里更为幽静、孤独和启发灵感，"那里能呼吸到蓝天白云，白色的云团刺破蓝天，直抵天门。"下面辽阔的平原上是人口密集的姑苏城，在这个高高的瞭望台上能看到很远的南方。

与这一辉煌的佛教遗迹相连的有一把石椅，其实就是一块粗糙的岩石，令人尊敬的高僧生公曾坐在这里讲经说法和思考他的信仰，他的宝座比他的理论更为不朽，还在斜睨着旁边的剑池。剑池岸边，人工开凿的悬崖壁立千尺，犹如山脉自然生成。剑池最引人注目之处就在于池水清澈透明，无风自流，池水涌到岸边的波浪声，使得整个虎丘笼罩在庄严的回声之中。山丘稍低一点处有一圈未经开凿的岩石，周围横七竖八躺着一些巨大的石块，这些就是千人石。这处美丽山丘呈现出某种佛教遗迹，类似于英格兰和爱尔兰的德鲁伊教遗迹，虎丘宝塔也跟爱尔兰柱塔类似，更强化了这种相似性。更低处的仙女池中水生植物丰茂，红色和蓝色的植物使得水面富丽堂皇，岸边有一条小路向下穿过岩石、洞窟和波光粼粼的喷泉，将游客引向行宫正门附近的花园。一位东方地质学者在谈及虎丘的风景时以其惯有的华丽风格写道："它高不及云，深不蔽景，浅不过丘，它有小径距离惊人，眼见路到尽头，忽又能够通行，岩石似突然开裂，忽然又浑然一体。"

这幅图中央的岩石壁上写着"虎丘"二字，就是此地的地名。石头的出现在东方与西方岛国的习俗也是相似的，北威尔士迄今仍然有许多用作界标的石柱，一块比赛石柱也许是某一原始体育场的终点，另一块朝圣石或忏悔石至今仍被称作悼念石。皇家园林中古老的遗迹，风景如画的虎丘，难免会让人引发这么多美妙的联想。

苏州府的水稻插秧

　　中国东部人口稠密，这主要归功于水稻的高产。自然赋予这种禾本植物在沼泽或水淹地里生长的特性，如果没有水稻的改良和丰收，中国和印度的广大地区至今依然贫瘠而荒凉。细致分析一下，其实原因很简单。从一开始，这种主食的发现和栽培就极大地影响了国家的命运。在被引入埃及和希腊以前，水稻在一些东方国家早已家喻户晓，普林尼、迪奥斯各里德和德奥佛拉斯特都说曾从印度进口稻米。那个年代，地中海沿海很少种植水稻。最近三百年里，水稻越来越受欢迎，因为它只受气候限制，在热带地区国家的地位就跟小麦在欧洲温暖的地区、燕麦和黑麦在北欧地区的地位一样。在北美洲的美国，特别是卡罗莱纳州，水稻的种植是农村人口的主要职业，是海上出口的主要产品。水稻在 1697 年引进到北美，它的引种成功对美国的富庶起了举足轻重的作用。

水稻易于栽种，每年可播种两次，偏爱潮湿的土壤。作为所有闷热国家的主食，水稻是全知全能的上帝特别为其准备的。除了中国和印度，马来以及邻岛也都极其关注这种作物的种植。日本、锡兰和巴达维亚人也尝到了这种作物的好处，不仅半年收割一次，而且同等面积土地上的产量是小麦的六倍。德国也对这种健康食品喜爱有加。在南纬度地区，经过长期的栽培，水稻的耐受力增强，能够适应特定气候，这种情况被引证作为支持栽种外来作物的论据。直接从印度进口的种子在德国根本没有收成，就连意大利和西班牙的种子也没有本地谷种那么早熟和耐寒。英国试验种植印度水稻，在水流平缓的泰晤士河沿岸成功收获了有益健康的稻米。

在东方国家，人们更是对稻米赞誉有加，在中国，稻米是第一必需品，人们每顿都要吃饭，即煮熟的稻米。所有谈到吃的词汇里都少不了"饭"字，"吃饭"是用餐的统称，"早饭"指早餐，"晚饭"指晚餐。这种饮食清淡健康，尽管营养成分不如小麦。它含有少量谷蛋白，不能用来做面包，但用来做布丁或其他食物价值很高。它质量上乘，生长迅速，物美价廉，非常适合作为穷苦阶层的营养品，拿四分之一磅稻米慢慢熬煮，可以变成一磅以上的营养固体食品。

稻米除了能够饱腹，水稻的其他部分也用途广泛。稻杆变成浆状后可塑成各种人物、雕像和盘子，待其变硬后，中国人用彩纹加以装点，很像做玩具。在我们的棉花工厂，纺工用它给经线上浆。在印度的果阿、马拉巴尔海岸和巴特维亚岛，一种叫烧酒或亚力酒的烈酒是用米汤发酵后混合椰子树汁制成的。这个印第安人烈酒并不是唯一的罪魁祸首，因为在葡萄牙人、荷兰人或英国人在远东驻扎之前，这种米做的使人丧失斗志的酒在中国到处有卖。

插秧

　　稻田由一块块整齐封闭的田块组成，周围的土堤很少超过两英尺高。犁地主要是用非常原始的工具，包括犁柄、手把和犁刀，没有犁板。水牛拖动上面有三条木齿的耙，土壤经过充分翻耕后就适宜播种了。种子提前用药液泡一泡，可以防虫。把种子密集地直接播撒在稻田里，然后在田里注入一层浅浅的水。几天后，秧苗就长出了水面，提示该插秧了。秧苗被连根拔起，剪去叶片顶端，然后分离开来，把秧苗插入垄沟。经验丰富的老手插秧速度非常快，正常情况下一分钟能插 25 株秧苗。在之前犁地时，撒种要均匀，用锄头将秧苗分离开来。

　　每片稻田都被分成许多小围田，通过土堤上的一个缺口把水引入任何一块围田。有天然的溪流时足够灌溉，但更多情况下，农民要挑水来灌溉。他们常用链泵，上面挂很多桶。把一连串的平板放进河道，通过尺寸适当的脚踏板来推动一对对平板，让水流进桶中。在灌溉稻田时，人工强度还是很大的。两个人站在河岸两侧，各执桶绳的一头，放松绳子将桶装满水，拉紧绳子将桶拉上来，然后灵活的一抖，将水灌进蓄水池或朝田地灌溉口的方向泼水。其他的灌溉还有把长短不一的杠杆固定在一个立杆上，杠杆短的一头连着桶，可以轻松地放到水中，装满水后，轻轻一压杠杆长臂，水桶就升起来了，再将水注入蓄水池。《民数记》里详细记载了中国人的灌溉过程："他将桶里的水倒出来，种子田里就有了很多的水。"中国自古就用竹水车，水量大的时候，使用空心轮圈或叶片将水抬到一定高度。埃及人、叙利亚人和波斯人都从中国人那学到了这个有用的技术，欧洲人机械地将这种发明归功于最后知道的波斯，并命名为波斯轮。

灌溉完成了，水稻便开始迅速生长，禾杆通常能长到一至六英尺。水稻是一年生水生草本，秆直立，浑圆有节，叶大，针形，叶鞘长且有花纹，呈圆筒状。圆锥花序大型舒展，类似燕麦花朵。种子呈白色椭圆形，大小形状各不相同。当谷物要成熟的时候，就关闭水闸，不再给水。成熟的谷粒很快变成黄色，等待收割。他们使用和我们的锯齿状收割工具类似的镰刀，镰刀之下稻子很快倒伏一片，通过蒸发和干燥后，就可以打成捆放在扁担两头，用这个国家特有的运输方式挑走。然后脱粒，谷穗通过板子边缘或大缸边缘的摩擦，谷粒脱出落入板子或大缸后的筛子里，这是中国最常用最受欢迎的打谷工具。在大一点的农场或有大量谷穗需要脱壳时，他们就使用连枷，我们的打谷工具就是在此基础上发明的。值得注意的是，在操纵这项原始工具中，学生远远超越了师傅。中国人工扬场就跟我们抽鞭一样，在大不列颠岛上通过加速度来提高动力，连枷绕着转头快速旋转。

　　稻米在生长中或打谷前，东方国家称为"稻谷"。清洁或脱壳的过程对中国人来说困难很大，其他种植水稻的国家已经摆脱了这个困扰。埃及人和中国人常使用轮碾机来脱壳，在埃及用牛拉，在中国用水力。轮碾机包括一个水平轴，木制或钢制的突出齿轮以一定间距安装着，在轴的直角处安装许多水平杠杆，有许多圆形的齿轮排在枢轴上运动，枢轴固定在离矮墙两英尺的地方，在杠杆的长端垂直着一个中空的碾锤，碾锤下方地上是一个石臼或铁臼，当量很大时会用到这个。小户人家用的工具只有一根杠杆、一根碾锤和一个臼，用脚踏板也能达到同样的效果。1826 年，麦维尔·威尔森先生发明了一个专利脱谷仪，其实就是将中国磨坊的枢轴放置在一个水平位置，其他部件利用欧洲机械发明的精湛工艺，做得更细致而已。

养蚕选茧

  人们普遍认为塞来斯人就是中国人，因为他们在东方的位置相同，而且主要的丝绸制品也是从那儿传出的，罗马人将这个国家叫做赛里古姆、塞利卡或赛林达。但这并不是事实。有很多证据表明，大量运往罗马的丝绸不是来自中国或赛林达，而是来自波斯。绝不可能是中国派大使到奥古斯都来寻求与罗马联谊，这个罗马人历史上记载的关于本国人屈尊寻求外国联盟的唯一例子，是违反他们基本法的，罗马人的基本法不仅禁止与外国人交往，也阻止人民移民国外。奥古斯都死后一个多世纪后出现的作家弗洛鲁斯是唯一提过这个大使团的作家，由于没有与皇帝同时代的历史学家提到过如此重大的事件，所以应该根本就没有这样的大使团去过罗马，进一步可以推定，中国从未和罗

马贸易协商过，甚至根本不为罗马人所知。博学的古代地质学家认为的塞利卡，是鞑靼地区而非中原，在地图上濒临西亚，这里的原住民擅长箭术，但没有制造过丝。

如果罗马人是从波斯获得丝绸的，而历史资料又没有对丝绸的来源提供更进一步的信息，那就没有证据证明中国是丝绸的原产国。据信曾有一群犹太人在很早的时候到过中国，其后代的记录和中国历史学家留下的著述表明，在亚历山大大帝打通与东方的交流后，他们就在那里定居下来，那么是否有可能是这些勤劳的人从波斯或某个懂得养蚕的邻国带去了养蚕的知识？康熙皇帝在论著中说丝是中国的独有产品，这是错的，因为在印度北方地区大量养殖一种原生蚕茧的丝比中国任何一种蚕茧的丝都更强韧。我们有理由相信，西夏和契丹在很早的时期就已开始生产丝绸，圣经上有一些记载也证明了这一推测，即这种美丽的手工产品在所罗门的宫廷上就已为人所知。除此之外，贾斯丁所说的"具有流体介质的透明服装"一直以来都被认为是丝绸长袍的意思。中国的犹太人就像英国的胡格诺教徒一样，随身带去了一种实用知识，他们的知识在入籍的各国得到了发扬光大，以至于国家的界限都模糊了。在杭

州附近，至今仍能追溯到以色列人的踪迹，他们在杭州居住，在那里
学会制造中国最美的东西。除了犹太教士，很少有移民会懂希伯来语，
宗教宽容似乎使很多犹太人远离了他们祖先的信仰——这和宗教迫害
所造成的效果恰恰相反。大祭司们严格遵循旧约，除了西拉的儿子之外，
他们对耶稣一无所知。如果这个说法是正确的，这些犹太人就不可能
是被俘虏的十大部落的一部分，而是亚历山大军队的追随者，这样才
与他们自己叙述的移民历史一致。

公元六世纪，有两个波斯和尚将蚕卵藏在中空的手杖中，连同桑
叶一起偷偷带到了君士坦丁堡。东罗马帝国皇上查士丁尼鼓励他们在
那里养蚕，培育蚕蛹，这是蚕茧第一次被引入欧洲。这个始作俑者的
国家并不一定就是蚕茧的发源地，它有可能来自塞利卡，或波斯，或
契丹，或西夏，或中原。中国把丝绸制作的起源归于公元前 2700 年前
后黄帝的妻子西陵氏嫘祖名下，寓言故事还说早蚕茧产出丝绸的几百
年前，原材料就从中国传出去了，为波斯和腓尼基的手工业者提供了
广泛的就业机会。

煮茧缫丝

　　可以完全肯定，丝织品的确是由中国人发明的。"最早的时候，天子耕地，皇后种桑，是臣民百姓的恩爱典范。"《农耕与养蚕》一书详细介绍了稻米的培育，从第一次犁地到最后的收割面面俱到，同时也详述了从种桑养蚕到织丝绸的过程。中国人注重实用，各种衣食住行的方法都简单有效，因而备受欢迎，这些方法的创始人也因此而流芳百世。

　　中国人制作丝绸衣物的技艺精湛。他们用桑叶养蚕，获取蚕茧。四川省、湖广省、江西省、浙江省都种植桑树，浙江美丽的山谷和肥沃的平原让养蚕最为成功，而且生产出了上等丝绸。过去人们常穿

羊毛衣，到了汉文帝年间，丝绸开始备受推
崇，并做成现在富人阶层最风靡的裙子。在
广东市场上，浙江与江南地区的丝绸是最贵
的，要比其他地方的丝绸价格贵一倍，比起
印度、土耳其或意大利的制品，英国商人更
钟爱江南丝绸。

　　由于种植桑树是为了生产大量的嫩叶，
而不是果实，所以树木如果长过限定高度和
树龄，树枝要修剪，母树要砍倒，幼枝上
的叶子比老枝上的粗叶更嫩、更有营养。桑
属科有很多品种，其中只有两种能用于养
蚕。一种是黑桑树，土生土长
于意大利，后来在英国繁殖广
泛。另一种是白桑树，土生土
长于中国。波斯人这两种桑树
都种。红桑树是美国的土产，
因树木质量上乘被用作船上的
桅杆。桑树可通过种子、压条
或插条繁殖，用种子长出的桑
树更健康些，因此人们还是更倾向于让它结果。

　　土壤中混入灰末、河泥变得湿润肥沃，
把这些混合土在河床或山脊堆一英尺高，种
上桑树，以合适的距离梅花点式栽培。两
排桑树间的间隙偶尔用来导水，统一种植水
稻、小麦或某种豆子，对地主或佃农来说没
有浪费一寸土地。为了消灭或预防害虫，人
们采用各种各样的办法。由于桑树柔弱，支

撑不了重物，所以人们搭双梯上去喷药，摘叶子。摘了叶子后，树更易感染，栽培者巧妙地通过修枝、剪枝和砍掉老树来缓解和弥补这一问题。如果这些方法都不奏效，桑树总是结果而不是长叶，就会被连根拔掉，并在原来的位置重新种一棵健康的小树。

桑蚕属于蛾属，昆虫学家称它为"家蚕"，土生土长于中国。一个针鼻大的卵，经过适宜温度的培育，成长为微小的黑色蠕虫。在发育的过程中，根据不同种类脱壳三四次变成蛹，身上呈现白色，上面有蓝色或黄色的斑点，不用再喂食，并开始努力化蝶。大约在其整个生命的第三十天，蚕蛹开始化蝶的第一天，蚕的两个鼻孔中吐出一种粘粘的分泌物附着在蚕蛹表面，第二天通过鼻孔重复吐丝，形成一个卵状的球包裹住身体，像盾牌一样使自己免受其他害虫或严寒侵扰。第三天，蚕茧就把蚕严严实实地遮住了。在吐丝约十天后，蚕茧基本完成，之前积存的食粮也基本耗尽，蚕变成蛹的状态，持续更长时间等待下一次的转变。

染丝

　　杀死蚕茧中的蛹虫，解开用于缫丝的蚕茧，收集蚕丝的工作就完成了。养蚕的生产周期很短，在法国只需要六周，没有什么产品的回报比养蚕更有把握和名声在外。中国一般不是通过公司、社团或股份制来运营，而是个体养殖，这对养蚕和制作丝绸特别适合。由于养蚕缫丝投资少，获利快，所以女性投入大量的时间和精力，她们要么喂养桑蚕、剥茧缫丝，要么管理养蚕人。有时也会去采购蚕茧，这样就规避了养蚕的风险，而且可以让女儿把时间都用来缫丝。工厂生产的丝绸专门用于出口，一般的手工制品供国内消费。中国人不喜欢外国人，因此不像其他国家一样关注外贸。和旧时的雅典和罗马一样，在中国，人们普遍瞧不起商人。

在这个古老帝国，随着时间、交往、学问和信仰的变化，他们开始理解兄弟一词的含义，以前仅限于中国境内的产品也开始系统地与其他地方的产品进行交易，由此给全球更多的地方带来了福利。

在一个两尺深的池塘周围排列着棚屋，分别用于漂洗和准备生丝等不同工序。在一排走廊下，女工把从蚕房拿来或养蚕人手上买来的生丝卷起来，依次被转交给漂洗工、染色工和漂白工。

中国人并不以诚信闻名，这在他们准备生丝时表现得淋漓尽致。这种细软织物的质地常因缫丝过早、水质不洁或缫丝时的疏忽导致丝线变薄，此外染色不正等也会出次品。在洗去粘物以后，丝分作一束一束的放在竹制漂白杆上晾干水分，这是正确的操作程序。生丝吸水性很强，如果染色剂稍有偏差，丝卷中残留水分，就会增加10%的重量。其他国家允许购买者测试原材料，将一个样品装入一个丝布笼里在炉上烤到华氏78°，这个过程会让弄虚作假所增加的重量暴露无遗，但是中国人不允许外国蛮夷在任何方面质疑他的信用。

欧洲人，准确地说是英国人，将生丝分为三个等级：经丝、纬丝和乱丝。经丝捻得很紧，用于制作最好的丝绸；纬丝捻得不那么紧，用来纺纬纱，质量次于经丝；乱丝完全没有捻，包括短丝、断丝和废丝，这些乱丝被收集起来，经过梳理，再像纺棉一样纺成丝。这三种通过手捻而形成的丝，称作手纺纱。为了去除粘胶，必须经过水煮的过程，否则手感不好，也不易着色。在印度，我们发现丝绸有黄色、土白和浅黄褐色，而在中国，丝绸通常都是黄色，在西西里和波斯，也同样是黄色。据我们所知，只有巴勒斯坦出产自然白的丝绸。卡泽巴扎的养蚕人用一种灰来使他们的纺纱变白，但这种白纱非常稀有，大部分出口物还是保留着本身的亮黄色。

石门

尽管中国人手工艺水平高超，但并没有提升全国人民的整体生活质量，还处于原始状态的人们对如画的美景有着最真挚美好的感情。现代社会审美的特点是富于想像，而在古代，寺院庵庙就直接建在潺潺溪水旁或运河沿岸，四周的茂林和悬崖挡住了冬日的狂风。在所有古老的国家，高度的现代文明还不发达，当地建筑与自然风光相得益彰，幽谷环抱，树木葱茏，山谷肥沃，水量充足，湍流两岸，景色迷人。个人或社区都愿意选择商业繁荣处定居，随着现代文明的进步，人的品味严重退化，人们以夷山涸泽开荒为荣，并在那儿竖起冷漠华丽的艺术品。

中国人天生对如画的风景有种本能的热爱。在河流纵横的江南省，他们沉湎于对山河的热爱，让我们对他们的心智不由得刮目相看。在石门上下游数英里，河流两岸陡峭崎岖，偶尔穿插一块肥沃的田地或台地。岩石背后的乡村大异其趣，有大片沼泽，很难从山脊中引流，这块荒就成了野生动物的乐园，有的聚居到水边，有的住在山脚深处的岩架上或幽暗的池塘边。船顺流而下，水流速度加快，到石门的两个大石柱间时，水流速度达到最大，这里行船需要格外小心，即便是最谨慎的人，突然看到两根擎天巨柱跃然眼前，也会因不知所措而误判距离撞上礁石。周边地区石灰石随处可见，在河的一侧还有一种角砾岩，要说石门附近的石头是大理石也并非虚言，但当地人并不认为它们有什么装饰价值，也不会把它们烧成石灰。

两边的石柱缩短了航道的宽度，形成内凹，此处河水深邃，并可遮风避雨，给商船提供了一处安全的码头，随处可见商船停泊在这个天然码头，航道变窄让水量汹涌，从而增加了此处的水深，便于水上运输。在这个深水区聚集了大量的鱼，使用训练有素的鱼鹰捕鱼，既容易又赚钱，所以当地政府以高价出售在此处的捕鱼权。

巍峨的山峰直插云霄，由于这副壮丽景象，故而得名"石门"，插图是石门的直观印象。当地的游吟诗人用大胆艳丽的语言描绘了石门的美轮美奂，庄严肃穆，惊恐震慑。进入一个水深幽暗封闭的峡谷后，对面壁立千仞，只有狭窄缝隙供游客同行，夹缝路幽暗难辨，偶有亮光和水沫，激流在脚底下的深渊中翻滚咆哮。走过一里路，他进入一个迷雾谷，他被浓浓的雾气包围，这是四千年来源源不断从山岭中涌进深渊的激流所产生的雾气。如果没有被这片陌生环境的湿气吓住，坚持走到尽头，在一个巨大的天然圆形岩石凹地，他将看到水帘悬于眼前，高约百尺的瀑布从悬崖边缘落下。他站立之处有一个圆形空洞，微弱的光透过绿水照射进来，过了此处就翻过了山顶的壁架。史学家们觉得美丽绿光下的石门似曾相识，他们夸口说亲眼见过雾谷发光，并将碧绿比作兰，一种从植物中提取的染料颜色。

湖州的丝绸庄园

　　桑树的种植、栽培和照料，蚕的养殖、缫丝、染色以及后续步骤，都在本书的其他章节详细讲过。图中所绘的是一位富有的丝绸庄园主的宅邸，坐落在大运河的一条支流畔，毗邻湖州府。这个宜人小镇是富庶的浙江省的一个行政区的首府，这一地区被中国地理学家称为"桑蚕区"。从产品、土壤性质、宜人的气候和充足的自然灌溉来看，湖州附近都一直是浙江最得天独厚的地方之一。太湖两岸的绝美风景吸引了许多富人定居。历史学家认为，湖州始建于春秋时期，当时名为菰城，三国时名为吴兴。这座繁荣城市的悠久历史毋容置疑，一如其人口稠密、周边地区农业发达以及居民富甲一方，都有充分的证实。

在小河汇入大运河处的桥头，是著名的刘氏庄园。这个家族世代定居于此，过去多年的事迹，为脍炙人口的小说戏剧提供了大量题材。整个建筑，与其说奢华，不如说是为值得尊敬的族长及儿孙提供了舒适的住处。在某些情况下（不幸的是这种情况极少），受宠爱的女儿们可以获准带丈夫回娘家来居住，这与民族婚俗截然相反。将一束束生丝从缫丝棚拿到家里的储藏室，累积到足够数量时，便装载到有竹棚的平底船上开往运河。上了那条商业通道，这些生丝的命运可能被一位商人买去，也可能被运到一个家庭作坊或转运到杭州和舟山的市场上。刘家并不关心人们购买生丝的目的或生丝的去向，他毕生致力于敛财，唯一的目的是用所能购买到的所有奢侈品装点他的家园。

皇室的衣袍也产自这一地区的丝绸，富裕的官员常常从同一地区订购整季的产品。一些外国商人经常吹嘘，他们眼光很尖，能够把湖州府的丝绸与中国其他地方的丝绸区分开来。

浙江富春山

　　汉光武帝刘秀在二十五岁还是太子时，与一位叫严子陵的隐士私交甚笃。严子陵家财万贯，造诣颇高，应太子之邀离开了他的家乡会稽，陪同太子云游天下。太子登基后，这位云游时的伙伴便不知去向。皇上派出使者费了很大力气，终于查到他隐居在齐国。从默默无闻的隐居状态被带到了皇宫耀眼的光芒之下，严子陵被拜为谏议大夫，没有他的允许不得发布任何条例。皇帝对这位儿时伙伴宠爱有加，邀他在皇宫共卧一榻，一天夜里，丞相竟然把两只脚压到了皇帝的胸口上。第二天，一位朝臣说他在夜里看见一颗流星，这预示着王朝将有灾祸降临。皇上详细解释了昨晚的场景后，大臣表示折服，严子陵也得到了晋升。整个国家在他明智的领导下欣欣向荣，举国上下一片繁荣昌盛的景象，光武帝向他的宠臣道贺，但他谦虚地说是因为皇上明察选用了有能力的臣子。在到达人生的巅峰之后，严子陵辞去了官职，在最辉煌的时候彻底淡出了公众视线。

　　在浙江省的富春山中有一处好地方，钱塘江从这里的群山中夺路而出，奔向大海。一条瀑布从山间飞流直下，在湍流的冲刷下，石头悬崖呈现出不规则但极为美丽的形状，瀑布从垂直的悬崖前飞流直下，跌落在一个宽阔的水潭中，水潭就像一面巨大的镜子倒映着周围的美景。这处风景优美的所在位于桐庐县以西约十英里的地方，被称作"严陵山"，这里崇山环抱，蓝天云绕，山水之间有西湖、圣湖、凌云和唐阳河，旁边还有一些池塘。这就是这位中国的辛辛纳特斯退出政治生涯后隐居和颐养晚年的地方，从这份悠然自得中明显能看出他的智慧和学问。在这里，他的主要工作便是耕田种地，主要消遣便是河边垂钓。一座垂钓小屋坐落于山脚，有山间小路直通山顶的农庄，最显眼处有一小组雕像，这里不通公路，也没有马车，走这条小径是他的唯一通道。

金坛纤夫

　　金坛地区，不仅来访的游客众多，往来的商船也很频繁，民众在庞大帝国暴政下的凄惨实例，金坛比其它地方都多。有一个准则就是不能说不合理，据说是为了尽可能地为大众提供更多更持续的就业，但凡人力或畜力能做的事情，都不准使用机械装置，但这一政治理论不足以证明纤夫所遭受的残忍对待是合理的。他们从山里来，那里土地贫瘠，无以为生，于是这群身强力壮、吃苦耐劳的男人开始了辛苦的纤夫生涯。他们半裸着身体，肩套轭具，包括一块胸板，有时是一块加垫的木条，两端系着纤绳。许多纤夫一起将装满货物的船只逆流拉上岸，人数根据船的载重调节。他们的姿势和努力都在插图中完全表现了出来，他们不只展示了他们肌肉的力量，还通过拉紧船上的主绳表现出了他们身体的

负重。尽管这项体力劳动完全出于自愿，从业人员仍应受到权贵的同情，从纤夫劳动中获利的那些人应该要鼓励、酬劳和保护纤夫。他们有时候要连续工作十六个小时。期间不能有片刻歇息，残酷的雇主以时间作为目标，让监工手持板子确保他们一直向前。

如果说英国水手的起锚号子和英国农夫的口哨是自由、满足和勤劳的象征，那中国纤夫的号子则是悲哀之音，是召唤纤夫兄弟及时拉紧纤绳以减少旁人的压力，既不是和声，也不欢快，这些可怜人的"喔－托－嘿－哦"可以是字母表中最悲伤的音符。

西湖

　　杭州曾经是首府，距市中心不远处的西湖，因其水面宽阔、水质清澈、湖边景色美丽而著称。西湖湖岸风景如画，长约二十英里，湖岸边时而出现一处凸出湖面的岬角，时而又有一处缩进去的港湾。宁静清澈的湖面上点缀着两座林木郁葱的小岛，优雅地浮在宁静明亮的西湖怀中。西湖的小港湾是古老名胜，它通过一条精心铺就的宽阔堤道与杭州相连。不过，要为在人间天堂的迷人景色中急匆匆消磨了若干小时的众多善男信女们提供足够住宿，偶尔也还做不到。西湖的湖岸边土地肥沃，这里的风景吸引了来自城里的官吏富豪。从西湖岸边到在山脚下形成宽阔盆地的险峻山峰，每一个地方都布满了别墅、宫殿、寺庙、戏园和花园，或以某种方式让位于奢华或休闲服务的场所。像威尼斯的拉古纳湖一样，西湖白日夜晚都挤满了不同等级的游船。最豪华的游艇后面，一般要跟一个流动厨房，里面准备着盛宴，通常总有一道用清澈的湖水来烹制的美味的鱼。对完全拒绝所有思想交流的中国社会来说，美食相伴是必不可少的。女性完全被排除在这些享乐活动之外，在中国，女性抛头露面被认为有伤风化，有损两性之间应保持的距离——这种情况足以证明天朝帝国退化到了何等程度。两性之间的思想交流被禁止，这种社会状态是多么悲惨平淡！通过对人类邪恶和自身弱点的预断，人对自己进行了怎样的谴责！即使最伟大的情操、最崇高的感情和更温柔的情感戏，在这里都是完全陌生的，理性与哲学在这里也相对落后。在心理官能容易受影响的国家，每当岁月削弱了人对声色的欲望或是倾向于对智力的严肃运用时，许多资源仍然得以保存，那些珍视"理性盛宴和思想交流"的人仍会保持对社交的喜爱。但是中国并不存在这样的阶层。在中国，会涉及对身边社会的抱怨，埋怨官吏的不公，埋怨商家的狡诈和奸商的计谋。如果让女性自由地融入这种社交活动，也许会使她们丧失纯洁与优雅，所以要将女性排除出这样一种邪恶的氛围，中国男人的判断或许是正确的。

在西湖的宁静湖面上行驶的华丽游船，令人感到惬意，人们毫无节制地沉溺于餐桌乐趣。人们还抽大烟，鸦片刺激了那些天性愚钝的人，使他们不能享受到大自然的魅力，更沉迷于赌桌上的恶习。

尽管这一离奇民族的心智因为种种恶习而懵懂未开，这些寻欢作乐的游船却构成了中国南方最为富庶的景观。平缓斜坡的上面是堤岸，岸上盛开着鲜花，紫色的花朵使得附近的湖水也显得丰富多彩，再往上依次长着香樟树、乌桕树和乔木，渐渐显得庄重起来。欧洲的水果在这里也比比皆是，不过许多水果质量低劣。这些美丽的植物装点着位于大山之间的肥沃深谷，樟脑树明亮的绿色树叶与乌桕树的紫色树叶浑然相容，而深绿色的树叶则在两者上方波涛起伏。众多溪流从山上喧嚣而下，在西湖平静的怀抱里结束它们的吵嚷历程。探访树木葱郁的峡谷，观看峡谷里轰鸣奔腾的滚滚激流，也是来自城里的一群划船游客最喜欢的娱乐活动。这里的乡村景色令人感到亲切，兼之在险峻之处的大瀑布上方修建了各式桥梁，因而更吸引人。不过他们仍需进一步学习，他们的此类劳动非常幼稚，绝对比不上欧洲的历史建筑，英国和法国的工程师们已经将这些提升到建筑科学的高度。连绵不断的寺院、佛庙、佛寺、豪宅、别墅、树林、花园、桥梁和墓葬群，环绕着这座美丽的大湖，其中一座皇宫的遗迹还依稀可见。皇宫原周长为十英里，周围有高大的围墙，总共有三层院落，全都面向大湖。在这座皇宫外院，宋度宗经常宴请上万宾客，一次宴会可以历时十天；第二层建筑由皇帝寝宫组成；最里层是皇家女眷的住所，旁边有花园、鱼池、游乐场所以及其他宏伟的住宅。1275 年，这座豪华宫殿不再是皇帝的寝宫，这一年皇太后和幼帝龚宗向蒙古人投降，他们被流放到忽必烈的世袭王国去了。次年皇帝驾崩，宋朝也随着他一同灭亡了。

在每一个码头或上岸地点的河岸边，那些装饰着丝绸窗帘、丰富多彩的绣花坐垫和其它昂贵装饰品的马车已经整装待发，将游客载到距湖水有一定距离的花园或娱乐场所。在靠近湖心的岛上也矗立着宽敞的建筑物，包括精彩华丽的开放式阁楼，那里是举办婚礼的地方。

中国人对死者的敬意太过文雅和虔诚。由不同材料制成的各种纪念碑和坟墓设计各异，带有各种阴森森的荣誉。它们修建在绿树环绕的山坡上，下面树林波涛起伏，延绵达几英里长。沿着高大的柏树形成的众多景观，偶尔也能见到几处被漆成蓝色的小型四方形建筑，下面由白色的廊柱作支撑，那是一代代人的安息之地，是众多纪念碑的上层墓室。达官贵人和有权有势的人，即使是死了，也要与自己的同胞区别开来。他们在半圆形平台上修建陵墓，陵墓前有黑色的大理石板，在上面用鎏金字记载对他们的赞美。石棺、祭坛、棺盖、华表、金字塔、方尖碑、尖塔等各式各样，五花八门，只要够品味或者有实际操作的经验，在坟墓山谷里就应有尽有。种种颂扬死者的情感，在世界上任何一个国家都难以理解。在这些地方，狂热已经取代了用土木作纪念，需要各种手段来提供更多昂贵的材料。在具有浪漫情调的墓地，除了早已奉献给死者之家的树木，还会奉献一些别的东西。在闲人看来，墓地似乎是在哀悼坟墓里的死者，在保护里面的巨大忧伤。墓地有垂柳和铁犁木，在微风吹拂下，下垂的细长枝条扫净了每一块墓碑上的腐朽碎屑，使碑上的铭文分外清晰。夜里，经常能看到许多火炬在坟墓山谷的墓道上来来去去，但这并不会使附近居民产生任何忧虑，这些是前去祭扫父母亲朋坟墓的祭扫者所持的火炬。特别在春、秋季节，坟墓会被打扫一新，并用锡箔纸、丝绸、鲜花以及其它饰品来加以修饰，此外还要向墓中人的阴魂献上一顿晚餐，晚餐包括米饭、家禽和烤猪肉等，同时还要将祭酒撒在地上。孝敬父母是中国人信仰中的一条主要信条，在父亲或母亲的坟前经常能见到这种坟墓祭祀的情景。其它的事情可以委托朋友或代理人办理，但这件事情是绝对不可以的。

还能见到这样的情景，一个寡妇刚在曾经深爱的丈夫的墓旁祷告完毕，还没有从祷告的姿态中恢复过来，便焦虑万分地将"命运签"朝他的墓碑扔去。在中国，人们普遍相信"命运天定"，因此抽签或掷签

这一古老习俗便被忠实地保留了下来。每一座寺庙的祭坛上都放着一个木筒，里面盛着一些两头标有编号的竹签，拿起木筒使劲摇，直到使其中一根竹签掉出来，算命师傅就根据这根竹签的编号，从悬挂在祭坛上的算命书中找到与竹签对应的相应页码，然后将求签者未来的命运大声诵读出来。寡妇们携往她们已故夫君坟墓上的就是这样的命运签。她们努力想从签上得知，自己未来会过一种社会化的生活，还是要孤独地生活。迷信的说法认为，抽到幸运签的人能正确地读懂自己的命运。

西湖岸边最显眼、最古老、也最令人感兴趣的物体，就是雷峰塔，它矗立在伸入湖水的一个岬角顶端，不同于在中华帝国常见的寺庙或佛塔建筑风格。从其椎体形状、块状结构和设计特点来看，它无疑具有悠久的历史。当地官方声称，该塔建于孔子时代，迄今已有两千多年。经历了这么久的时间，仍有四层至今保留完好，因为气候温和，尽管没有屋檐来帮着保护它们，它们或许也还能再抵御几千年的时光。楼层之间用双曲线飞檐来标记并隔离，每一层都装饰有圆顶窗户，有额枋和红砂颜色的枕梁，墙体上装饰有黄色物体。如此古老脆弱的标志性建筑，应该用一层常春藤来装饰，但如果被深绿色的常青藤包裹起来，可能会违逆该建筑最初供奉的神灵。但是在中国，这种植物还鲜为人知。各种各样的野草、野花和青苔在砖墙的缝隙间找到了足够土壤，将它们的细根扎在那里。欧洲游客的证词可以确切无疑地追溯到十三世纪的马可·波罗时期，当时矗立在西湖岸边的雷峰塔比周边土地的水平高度高出一千多英尺，这一海拔高度此后再也没有降低过。

宁波的棉花种植

　　宁波地区以风景如画而闻名，也曾是外贸兴旺的商业中心。

　　中国人意识到当地的优势，加上以往的外交经验，熟悉了其他国家的产品和人们的需求。富庶的浙江人民很早就了解到棉花种植的优势，与棉花有关的制造业大概在三千多年前就在印度建立了，在鞑靼地区更是如此。

　　棉花原本生长在印度和波斯，从那里输送到亚洲的其他地区，用棉花制成的服装十分适合当地的气候。棉花在印度是一种通用的舒适品，就像亚麻在埃及一样普遍。有人推测，《出埃及记》中所提到的亚

伦和他的儿子们外套中所使用的材料就是棉花，而不是
"细亚麻布"，这个希伯来词在英语圣经中很常见。希罗
多德明确地说过，棉花是埃及人包裹木乃伊的布料的一
种，不过大家都知道亚麻也有相同的用途。普林尼支持
希罗多德的推断，认为棉花和亚麻都为早期埃及人所熟
知，他写道："在上埃及地区（指埃及南部地区）朝着
阿拉伯的方向，种植着大量的棉花和木纤维，埃及祭司
穿的衣服没有什么比棉花做的更软更白了。"这位多才
多艺的博物学家还提到，据说亚述女王塞米勒米斯发明
了编织艺术，而巴比伦的阿拉克尼城遗址被希腊和罗马
的作家尊为最早开始织棉的地方。确实也有大量的证据
证明在人类早期就有了这项有用的发明，事实上编织在
地球上许多地方广为人知而且实践已久。克拉维赫罗告
诉我们，西班牙人在征服墨西哥后，发现那里的人完全
掌握了编织艺术，并看到一些编织精美的大棉网，像荷
兰的织棉一样，织成不同的形状和颜色，呈现出不同的
动物和花朵形状。旅行家蒙戈.帕克非常诚实地记载了
非洲内陆人民熟知纺棉、织棉和染棉的技术。

有人推测中国人很早就知道而且了解棉花的存在，
在和其他国家的类比上也证实了这一点。但是他们的偏
见，尤其是对鞑靼民族的偏见，导致长期排外。公元前
三世纪以前，中国人的著述中都没有提到过棉花，但在
汉代，棉花作为一种罕见而古怪的舶来品而受到人们的
注意。据记载，公元 502 年，梁武帝穿了一件棉布做的
长袍，他的传记作者详细地描述了这件袍子。从这一时
期到公元 11 世纪，棉花的养殖仅限于官员的游乐场所，
推荐种植棉花的唯一理由是它的花很漂亮。同时也从鞑
靼地区引入棉花，并开始为了手工制造而正式种植棉花。

中国的习俗亘古不变，对外来发明的憎恨一直阻碍着棉花的大面积引入。成吉思汗的后代没有这些排外的愚蠢之举，明朝尽管恢复了汉人当政，仍延续了这一传统，直到今天，棉花一直被广泛种植，是大多数人制作衣物的主要材料。

肥沃而潮湿的土壤最适合棉花种植，不管什么地方，只要出现自然干旱，灌溉就必不可少。种植棉花需要娴熟的技能和分外的细心，地要犁三次，才能耕种，种子要一颗颗洒在犁沟里，沟与沟之间的距离要用铲子铲平，当棉花长过十二英尺的时候就要朝下垂落。德堪多列举了十三种棉花，但这些只是植物学学者感兴趣的话题。商人们把棉花分为两类：黑籽的和绿籽的。前者以简单机械加工而生产出柔软的棉花而闻名，这个简单装置有两个几乎挨在一起滚轴，用人的臂力运作。后者只能用强力的机械设备的圆锯来操作。两种加工装置在中国都广为人知，一种粗糙无色，另一种主要产自江南，品质更高，著名的"南京布"就是用它制成的。淡黄色的棉花也被移植到其他省，但是不怎么成功，试验的失败损害了原产的南京棉的声誉。然而实验证明，好望角的土壤和气候也适合种植这种淡黄色的棉花，但是由于它人缘的流失，使得我们在殖民地的棉花实验种植意义不大。

棉花不是中国土生土长的，织棉技术也不是起源于中国，把棉花从种子里剥出来的方式以及清洗绒毛的方式也并非中国特有。印度人在远古时期就开始使用分离种子的机器，把棉花从结和其他物质上分离开的弹性弓也是起源于印度，后来为英国的帽商所用。

弹棉花

　　这幅画中表现了棉花生产过程的一个早期阶段——洁棉，然后才能进入纺织。中国的农民通常在庄稼收完的这一天，就会播下棉花的种子。播种的方式是先用铁耙松土，松土之后撒播棉花种子，然后再用铁耙把种子重新覆盖。之后需要一场雨水或降下露水来润泽土壤，棉种才会破土抽芽，渐渐长到两英尺的高度。在八月开出的花通常呈黄色，有时也近似于红色。长到一定高度后会先长出像螺母一样大小的荚，荚在三四十天后从三面开花，长出三四朵棉花，颜色雪白，状如蚕茧般大小。由于下一季播种所需的棉籽紧紧粘在棉纤维上，所以需要通过一定方法使其分离。通常是准备一台带有两个圆形滚筒的机器，滚筒长约一英尺、厚约一英寸，一个木制，一个铁制，或者两个都用木制，两个滚筒间距很近，只有棉花才能从滚筒之间通过。通过一个脚踏轮使机器转动，将棉荚放到滚筒的一侧，滚筒转动将棉花吸进去并将棉籽剔除掉，棉籽掉入放在下面的一个容器中。与棉籽分离后的棉花，还要去掉棉结和污垢。一张弹弓被一根绳子紧紧系在竹竿一端，竹竿呈弧形越过操作者头部，插在他背后的腰带上。他用力往下拉拽绳索，将弹弓拉到棉絮堆上，再用右手握住一个木制工具使弹弓猛然伸缩，一直保持由此产生的震动，直到一堆棉絮完全松散，成为一团团又细又白的棉束，但又不损伤棉花的纤维，这样的棉花才会送去纺织。

在中国，棉花生产广为人知。马可·波罗曾提到南京的棉花以及色彩纷呈的棉线，每一种颜色都出自天然，不是染出来的。他们知道根据不同的土壤、气候等因素如何种植棉花。"中国人具有将每一样东西的使用到极致的民族性格。除棉花，他们还用棉籽榨油，榨过油的棉籽再用作肥料，因为棉荚坚硬且长有叶子，他们便将棉荚当柴烧，将叶子拿去喂牛，让植物的每一部分都派上用场。"

棉花生产是中国非常重要的产业之一，整个东方大抵如此。因为将蒸汽动力应用于生产，英国制造商才得以与之竞争，并最终超越了中国和印度的棉花生产。早在其他国家注意到这个国家的棉花生产之前，中国的纺织艺术已臻完美，他们最精美服装的轻巧程度已薄如丝网，对于他国的竞争根本不屑一顾。

定海郊外

　　中国没有法定休息日和感恩节，于是民众不放过任何一个可以欢庆的时刻纵情欢乐。他们总是假借欢聚之名行日常之乐，既没有完整的庆祝活动，也没有全民参与的游行，就连无稽之谈的玩笑都开不得。定海是一个人口稠密的古老的贸易城市，随时有手艺人当众表演。当地风景秀丽，山谷纵横，林茂水旺，有蛮荒地区，也有农耕之地，还有先朝古迹、名人墓碑。高堂寺庙供奉着他们国家信奉的"神"，这让每一次的节日盛典都显得格外有戏剧性。定海郊外矗立着一座巨大的牌楼，平坦的桥梁横跨溪流，周边长满了草和灌木，并插有众多旗帜，风景怡人，此地常用作当地聚会时看戏的地方。各种各样的节日和游行迎来众人来此宝地，中国人喜乐的性格也使得这些盛会极度奢华。像古雅典、古罗马、古埃及的平民一样，他们会把最主要的游行和宗教观念或哲学联系在一起，但也会采用一些众所周知的世俗庆祝方式。考虑到所有的享乐都基于物质交往，中国人认定他们的神仙也需要各种食物、喜乐、音乐和一切与感官愉悦有关的东西，所以街道两侧都会悬挂一些神像，门前悬挂灯笼，殿中焚香供果，并拼命地磕头。

请来的表演者都聚集在一个临时搭建的棚子里，那里水果、糕点和各种好吃的应有尽有，他们念诵经文、敲钟鸣笛，表现出演奏人员的热情。神对盛宴不感兴趣，民众们分享这些美食，一些人吃光自己那一份，另一些人则把自己分得的食物抛向喧闹欢乐的人群。

远眺宁波城

距离舟山半岛十二英里，在甬江左岸耸立着城墙围绕的宁波城，欧洲人最早称它"Liam-po"。它是浙江省第四大城市，本身是座一流城市，其辖区内有四个三级城镇，享有一座天然良港所带来的优势。宁波坐落在甬江和姚江的交汇处，其地理位置优越便利。宁波港与日本之间的贸易一直十分活跃。宁波城周围是延绵数英里的平原，边界上有高山耸立，形成一个巨大的椭圆形盆地。许多小镇散布在这片肥沃的土地上。这片土地养活了大量的牛群，孕育了繁茂的庄稼，有大米、棉花还有豆类。富庶的宁波平原上，灌溉工程便利而巧妙，在中国当居榜首。水从环绕的群山上直接流入六十六条灌溉水渠滋润大地，而多余的水则排入通往甬江的一条主流。群山形成了环形盆地，水量充沛的平原上草木茂盛，舒适养眼的小镇星罗棋布。灿烂明亮的天空，清爽宜人的气候，种类繁多的树木，这一切构成了一幅令人愉悦的画面。军官宾汉姆说："宁波的景色是我们在中国看到的最美的风景。"

延伸超过五公里的城墙都是花岗岩砌的，有五座城门，还有两座水门，也就是城墙上的两道拱门，是运河通过的地方，分别有一道吊闸。公共建筑都很破旧，而且数量甚少。几个世纪以来，市民所有的注意力都放在了贸易上，遗忘了艺术。一座砖砌的高塔是这个地方唯一值得夸耀的建筑。一座建于三百多年前的浮桥，横跨甬江两岸，迄今犹存。宁波的街道比广州的宽，商店也布置得更漂亮，摆着日本瓷器的店尤为漂亮。阁楼面积比店铺大，从铺面上方伸出来。上世纪初，英国人获准在此做生意，但由于葡萄牙人和西班牙人的诡计，加上中国人的偏执，英国人失去了这项宝贵的特权，英国商人只限在广州和澳门的港口进行贸易。随着鸦片战争结束，新签订的条约回复了这项贸易特权。多年来，宁波从事的对外贸易比中国其他任何自由港都多，用丝绸、棉花、茶叶和漆器来对换英国的羊毛和武器。

厦门入口

　　福建地区海岸和乡村的贫瘠，使当地居民不得不靠商业来谋生，他们很早就明智地选择了厦门港和厦门岛作为生存之地。这里有广袤的天然海湾，上千只船可以在这里安全停泊，小岛保护他们不受季风侵袭，水深足以停靠最大的船只。这个港口与陆地衔接，地形优越，吸引了暹罗和印度的船只，英国人也设厂于此，直到中华帝国偏狭的政策迫使他们迁往广州。事实上，这里才是中国海运业的中心。作为一个自由良港，这里的居民都是水手，外贸在这里比在宁波复兴得更快。尽管后者与中国内陆通商更为便利，也更有助于扩大贸易。公共建筑数不胜数，宽敞但并不优美，整个城市几乎没有任何装饰。禁止与外国人交往和英国工厂的迁移，似乎彻底阻碍了这个城市的进取心和商业精神。

大门巨大厚重，但并
不宏伟华丽。雕刻装饰中最
突出的部分是龙，此外还雕
刻着孔子的警句箴言，最高
点的船型尖顶支撑着两条鱼，
这一象征比民族象征显得更
合理和恰当。厦门沿岸的深
海鱼业非常发达，厦门的所
有人口几乎都以海为生。这
里长年以来都驻扎着一只部
队，还有一家火炮铸造厂和
造船厂。

厦门鼓浪屿

　　在杜赫德居住中国期间，厦门是一个贸易发达的宝地。若是帝国早在厦门设立免费关口，这个风景如画的地方无疑早就成为中国东部的贸易中心了。他说："厦门是一个著名的港口城市，位于地势较高的岛屿一侧，是天然的避风屏障。厦门附近海域辽阔，可停泊数千艘船，水深可容最大的船停泊海岸，是适合航行的安全之地。在那里随时可见无数中国船只停泊，二十多年前甚至还能看见很多欧洲的商船，现在他们只是偶尔来到这里，所有的贸易都转移到了广州。大清皇帝派遣一个将军统领六七千人在那里驻防。海港入口处有一处岩石，裂为两块，就像法国布雷斯特港的闵格利特岩石一样，可以看见岩石浮出水面约几英尺。距离此处三英里处有一个小岛，岛上有一个洞，可以从一边望到另一边，因此被称为'无聊之岛'。在广州和台湾之间，中国占领并设防于澎湖列岛，派驻官员看守着往返于中国和台湾之间贸易往来的船只。"很多年以后，郭士立先生到过这个著名的港口，发现它一直保持着原始的特色，甚至来自于人民与政府的偏见都依旧如初。厦门市之大，远超过耶稣会士的精确描述。它环长约十六英里，至少二十万居民在此居住。房屋群中可见多处庙宇，一座座宝塔俯瞰着狭窄的小径。由于财富聚集在少数人手里，大部分民众生活窘迫，因此开放此港口的对外贸易肯定会给城市及周边居民提供更多的生财之道，已经有一支二百艘船的船队正在积极地从事台湾和日本贸易，厦门港的税收也成为福建省的主要财政收入。

为了振兴与中国的贸易，英国商人直接将船队开赴到这个安全优良的避风港。1685年迪莱特号商船来到厦门港，1744年哈德威克号紧随其后，1832年阿默斯特号也来到了，但他们的努力均因大清统治者的敌意而功亏一篑。这里有一个很大的岛屿叫做鼓浪屿，能够阻挡风浪，岛屿两侧各有一条水道通向隐约可见的海湾，入口处有几处岩石阻挡着朝内河奔腾而来的海水。雄踞海峡和郊区的花岗高耸的顶端因修建了军事工程而更加巍峨，但由于远远高出海平面，工事的规模和坚固性都不尽如人意，总体上来说是一处没什么用处的防御工事。这些高耸的岩石令人敬仰，连见惯的人也不例外。在岩石之间的一道道深壑里，可以看到气势恢宏的佛寺、美轮美奂的私家庭园和高耸的多层宝塔。当英国占领厦门并攻下所有炮台的时候，这些山间美景激起了我们勇敢的士兵和水手们极大的好奇心。在他们穿越于悬崖峭壁间的时候，他们发现了无数石坛子，外面包裹着黏性的

封泥。打开这些坛子，里面有完好的人体骨骼，各关节已经错位，每块骨头都认真地包好并用红色颜料标记数字，发现的人无法给出任何答案，即便经过反复考证，也没能弄个水落石出。

尽管与这座风景如画的港口没有官方往来，英国人早就与这里的老百姓建立起了商业方面的友谊。在外国人的易货贸易被限制在广州之前，这里就已存在令人兴奋的英镑交易。在英国军队干预下，清朝实行了五口通商，但没有哪个港口的人比厦门人更真诚地欢迎陌生人来。一座土地肥沃且有工事保护的岛屿阻挡着来自东边的风浪，使得海湾之内始终是风平浪静。但这个被当地人称作鼓浪屿的宜人之地，尚不足以保护停泊在海湾内的船只免遭亡命徒的抢劫，这些亡命徒通过海盗手段来寻求生计。红衣大炮的沙哑炮声沿着近海整夜轰鸣，似乎是警告海盗们，海湾内停泊的驳船上的船员们正严阵以待，随时准备抵御可能发生的任何突然袭击。即使有英国军舰停泊在远处海面上的时候，这种做法依然盛行。

从高处往下看，鼓浪屿这座巨大的商业港风景如画，令人赏心悦目，一片生机勃勃的景象，很难想象还有什么东西能与之媲美。脚下是挤满帆船的深水航道，狭长的岬角伸向远方，远处是宏伟的花岗岩山丘，这些山丘将陆地与海洋分隔开来，整个场景很奇妙。

厦门古墓

对中国历史和风俗习惯越了解，就越能看出它与邻近东方国家的相似性，这种相似性与他们认为自己与其他人种不同的虚荣观念有矛盾。纪念死者的仪式是一个重要的标准，由于看到的仪式几乎相同，我们或许就能得出结论，这两个国家来自相同人种的概率极大。在东半球的某些国家，也能发现类似中国人婚姻的所有仪式。同样，在埋葬死者时，圣经中描写的做法在中国也很盛行。

出于好奇，英军组成了多支探险队，他们从厦门出发，在爬上附近的花岗岩山丘时惊讶地发现了一处墓葬。古墓位于山中的一座洞窟或挖掘出的一个山洞中，很可能是一座经过大量开采的采石场留下来的洞窟。从历经风化剥蚀的外表来看，显然是非常古老的建筑。围栏的前面有一座被三面矮墙围起来的新月形坟墓，应该是一个大官的墓。围栏后面露出一截开凿在岩石上的台阶，通向一道墓门，墓门由一个双反弧形屋檐和四根木柱组成。墓葬的内部显然是很久以前挖出来的，石头被挖走后空出来的地方被修建成阶梯式一层层排列的画廊和走廊。有些空间由实心砌墙封闭起来，里面是墓室，放着死者的遗骸。在一条很长的画廊上方，有几百座开着口的地下坟墓。在有些墓穴的棺木中发现了骨灰盒，另外许多墓穴则已被完全放弃，里面一无所有。这给我们提供了不容置疑的证据，像许多其他东方国家一样，中国人在古时候也是将死者埋葬在墓穴里。他们自己也认为，这些墓记录了最早的文明。为保留死者的遗体，埃及人修建了金字塔；腓尼基人和希腊人将主要城市周围的岩石掏空作墓，保管他们祖先的骸骨；在罗马、那不勒斯和巴黎等城市下面，有着大量地下墓穴；地中海非洲沿岸，也存在对庞大墓穴建筑的类似描述，只不过时间要早得多。在厦门的地下墓穴中，在墓门或嵌进两边岩石上的墓穴板上面，都雕刻着一些题字，以及妻妾、仆人、奴隶、马匹或其他物体的雕像，以增进死者的荣光与幸福，这一习俗与古老埃及人的习俗正好吻合。这些地下墓穴让我们联想到，那些尚不为我们所知的墓穴，它们包含了这个国家的历史。许多古迹绘画或雕刻，让人们的风俗民情得到了最原始的保存。

中国古代有让奴隶乃至皇后为皇帝或王子殉葬的习俗，但清朝皇帝代之以不那么残忍和邪恶的制度，只把皇帝的附属物包裹在锡纸里作为替代，并和小木偶一起拿到他们皇家主子的坟前焚烧。根据希罗多德的描述，前一种习俗也盛行于斯基泰人中，在酋长的葬礼上，酋长的妻子、奴仆和马匹全都被串在一起，放在暴君的坟墓周围。古埃及陵墓墙壁上的象形文字记载了已故王子的权力范围、奴隶及臣民的数量，厦门石碑上的那些设计也意在表达相同的内容。1844年之后才被欧洲人所知的坟墓提供了一个令人信服的证据，即中国人在原始社会时期的习惯，与圣经上所讲述的早期人类的习惯并无不同，因为他们也把死者放置在石窟里，这证明了中国人与希腊人葬礼仪式之间的相似性。

墓地眺望厦门

　　这个著名的中转港口的全景图是精致而可爱的。如果把古墓所在地当作观测点，映入眼帘的是位于低洼地的城市及边沿呈碟形的围墙、广阔的田野和数不清的小屋，再远处是海湾，星星点点的是繁忙商船在乘着海风稳稳航行。有一个近似内陆湖的海湾，一列雄伟的山脉巍然屹立，山峦呈锯齿状，属花岗岩构造。鼓浪屿位于外海和这个风景如画的盆地之间，起到了最有效的天然屏障的作用，让港湾内的水面总处于风平浪静的状态，各种船只一年四季都可以收起风帆停泊

于此，即使用最小的船只来进行两岸之间的运输，也不用惧怕任何风浪。

　　由于比中国其他的开放港口更靠近广州，厦门有可能会因为废除商业垄断而更快地富裕起来，我们也期待欧洲与这一港口交往有极大的增加。

厦门附近的掷骰子游戏

　　阿贝·格罗西亚曾经声称："中国人对所有的赌博一无所知。"这与真实的情况大相径庭。真实的情况是，世界上没有哪个国家的底层阶级如此心甘情愿地成为赌博的奴隶，这要归因于他们对体育运动的冷漠，对那些有益于人类身体健康与活力、有利于开阔心胸的高尚运动的冷漠。他们练习捕鱼，并不是当作一种娱乐，而是把它当作一门手艺，在捕鱼过程中大量使用捕鱼器具，如平网、围网、各种陷阱、三尖叉、弓箭以及潜水的鸬鹚。狩猎也是，为了拯救庄稼，农民可以任意消灭那些被认为是破坏庄稼的动物。捕鱼、猎鸟和打猎就这样被排除在娱乐活动之外，于是看戏、放风筝、打板球，斗鹌鹑、抽签算命、猜拳行令、玩牌掷骰子等就非常流行起来。

这幅图画的是一个风景如画的地方，这里是庄严的逝者之城——开凿在岩石上的古老墓地，本应是他们最崇敬的地方，这幅场景却成为这些赌徒们亵渎的记录，他们铺开一张竹席，让那些懒惰的人放纵他们的病态嗜好。

中国人鼓励这种道德败坏的恶习，这与欧洲的古老王国之间形成了显著的区别。就我们所掌握的史实资料，在欧洲，赌徒和挥霍无度者不仅被厌恶，还会被罚戴遭到公众贬斥和蔑视的标记。塞内卡称赌博所得为"诱饵，而非财富的恩赐"，另一位智者则称这种生活的灾难是悲哀、耻辱和贫困。在一份诏书中，阿德里安皇帝称赌徒为浪子傻瓜，应该受到公众的谴责，应被开除出所有社会团体。皮奥夏人将被毁掉的乱花钱者带到市场上，身前挂一个空钱包，坐在被人们称作浪子之椅的石头上，接受公众的百般嘲讽。在帕多瓦参议院附近可能还看得到类似的"卑鄙的石头"。早期的欧洲人认为，应指定监护人去挽救赌徒的财产并监督其行为，像现代社会的政府秩序井然地保护所有公认为狂人的人身和财产的方式一样。

中国的墓地

　　东方国家早期的风俗习惯，是将一切亵渎神灵的物品、古迹甚至观念，小心翼翼地与他们祭奠的神堂分隔开。这种做法自古以来一直存在，只不过有人遵守规矩，有人却置若罔闻，甚至一无所知。尼波山是摩西升天之地，摩西的兄长亚纶在何处安息呢？亚伯拉罕葬于麦比拉山洞之中，甚至我们圣主的圣体也被安置在花园里，各阶层的信徒们无不循规蹈矩。无论出于何种原因，所有东方国家的墓地都不能与祠堂在一起。中国人对此有更加严格的规定，禁止在任何城镇郊区的祠堂里入葬，更确切地说故人安息的地方要与生者保持合适的距离。举例来说，巴黎有著名的拉雪兹公墓，伦敦有海格特公墓，有些地方古墓已经从教堂里搬到合乎规则的不那么神圣的地方。多年以来，行使特权并一味姑息纵容，让许多欧洲清教徒头脑里对习俗产生了一种偏见，他们支持在墓地及神堂下葬，一切想要废除这个规则的努力都付之阙如，直到最近几年才有所改变。托斯卡纳公爵曾主张，在他所居住的佛罗伦撒不远的地方修建公墓，他也是第一个致力于修建公墓的欧洲人，但是当他试图从不同的教堂墓地里取出棺材时，却引起了属下臣民的暴乱。

　　中国的宝塔、伊斯兰教的尖塔和爱尔兰支柱塔都是独立建筑，距离寺庙、清真寺或基督教堂都有一定距离，因为他们当时的作用不够神圣。后来，塔才被置于长方型基督教堂之上，成为锥形尖顶的塔基。因此，中国的墓地和活人的住地是分开的，但是建筑风格和结构设计都尽可能地更加多样精美。地点偏僻但是场地开阔舒服的地方往往用作墓地，而数不清的穷人的坟墓则聚集在一起，像小亚细亚半岛和欧洲大部分常见的古坟一样。富人即使葬入地下也要显示出自己与众不同的权威，他们的陵墓古怪浮华。陵墓通常为石砌或者砖制结构，至少两层高，显示出官员生前住宅与众不同的区别。陵墓通常设计为圆形、多边形或者其他规则的几何形状，并建有一幢相当坚固的石门以防入侵。整个占地最好为新月形，中间道路上竖立一根柱子，尖形方塔，有时也可放置一个瓮，或者其他和陵墓建设有关的建筑。穿行于墓碑之间被踩烂的路代表着子女们的孝心、遗孀的伤心欲绝、以及母亲难以平复的悲痛。除了这些绝望的心灵，还经常能见到长长的送葬队伍一路前行，进行葬礼的最后仪式，或者见到熟悉的地方便冲上前去白白哀嚎个没完。如果有足够的地方，陵墓附近通常可以种植一些垂柳树木。比如，在这些伤心的地方除了松柏之外，还常常能见到枝条下垂的柳树和愈创木，多了几分美丽，少了一些忧郁。

乍浦古桥

    随着时光的流逝和风雨的侵袭，不少巨大的树木折伏，有的在倒地时相互斜靠在一起形成一道哥特式拱门，有的像玄武岩一样相互重叠在一起，还有的横卧于峡谷之间或瀑布两端。大自然的鬼斧神工，让人们产生了用一块木板来搭建水平横桥的想法。由此我们或可得出结论，在中国和其他国家，平拱桥是最早使用的古老桥梁。在桥梁建设的下一个发展阶段，埃及桥拱得到运用。在第三个阶段形成了完美的弧形分段法。工业文明发达之后，人们创造出有极大难度的具上百个桥拱的桥梁，以最丰

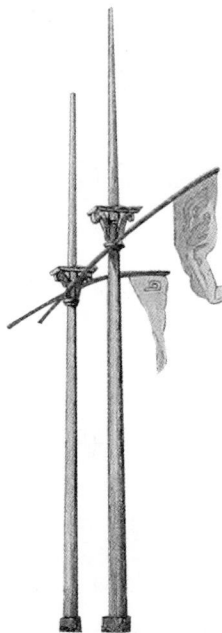

富的想象设计出最完美的桥拱和水利，以砖石砌成的坚实桥墩做支撑，它们是胜利的纪念碑。

乍浦河上的单孔石板桥，显然属于早期的风格。先在河两边修建牢固的桥墩，像楼梯一样层层重叠地铺设大石板，一直铺到河边，然后再按所需尺寸将大石板铺在两边桥墩的跨河空间上，石桥的栏杆上蹲伏着一尊尊做工相当粗糙的石狮子。

南普陀寺

　　普陀山位于舟山群岛，是中国佛教的圣地，富丽堂皇而庄严的佛寺香火很旺。虽然这一圣地的总面积不超过十二平方英里，本地人口不到两千，现在却有三千多个僧侣和不结婚的和尚们居住于此，过着毕达哥拉斯式的素食主义生活。舟山群岛由三百多个岛屿组成，其中许多岛屿比普陀山更大更富庶，但就岛屿的表面崎岖度、景物多样性和轮廓气势而言，没有哪个岛屿能与普陀山相媲美，岛上的住所和休息处所也无法与之相比。毫无疑问，正是由于后一个原因，这些修道者才选择在普陀山的深谷里修行，在这座小岛上矗立着四百余座小庙。普陀山大佛寺位于一条肥沃狭长的山谷里，山谷两侧绝壁上的山峰高达一千英尺，谷中有一条清澈甘甜的小溪流过。两根高大的旗杆牢牢插进岩石里，旗杆之间有一道阶梯，向上就是通往寺院的小路。两层楼高的和尚居所修建得很结实，上面盘着几条张牙舞爪的龙。建筑后面矗立着一座多层宝塔，这里就是大殿。从普陀山僧人们专心致力于独立修行来看，他们极有可能熟悉曾经访问过他们国家并受到康熙皇帝欢迎的天主教传教士。还有一点非常肯定，据澳门葡萄牙人的观察，他们也熟悉拜神模式，因为定海的商店里将十字架、耶稣基督和圣母玛利亚的画像跟普通商品一起公开出售。这就能解释如下反常现象，有人发现在一座佛寺的外部建筑装饰品中有一个高大且精心雕刻的十字架，非常显眼地摆放在雕刻的坚实底座上。

佛教是由高僧主持的宗教，公众也将这种宗教作为沟通社会生活的一种道德冲动，因此他们向僧人和各处宝塔捐钱捐物。南京城曾经遭到鞑子的破坏，人们将城里皇宫的琉璃瓦交给普陀山的和尚，这些琉璃瓦被盖到大庙顶上，现在还在反射着正午的灿烂阳光，离岛几英里远，人们都能看到琉璃瓦的金碧辉煌。关帝是供奉在大宝塔中最受尊崇的神像，小型宝塔内宝座上供奉是天后，又称王母娘娘。在所有古塔里都有佛祖的巨大雕像，或站姿，或坐姿，有时佛祖周围还站着五十多个弟子，他们均由黏土或石膏塑造而成。大庙的钟楼里保存有一口美丽的大钟，钟身刻满铭文，钟口呈扇形。大钟旁边放着一面鼓，鼓面直径约八英尺宽，上面绷着一层牛皮。

韶州广岩寺

　　北江穿过广东，越过梅岭，流过贫瘠但风景如画的地方，在流经过程中把河道的沙石分离开来，水流穿过石灰石时，在八百多英尺高的峭壁脚下冲出了一个缺口。在这个著名的峡口和石柱群以北就是潮州城，城墙由砖石砌成。离城墙不远处就是河道的起航处，带有衬垫的平底船在这里换成轻巧、可供食宿的舢板。有一座浮桥连接两岸，浮桥的中央部分可以迅速移开，让船只通行。顺流而下，大老远就能看到河面上凸起一道七百英尺高的悬崖，崖顶呈柱状，浩瀚的水面上摩崖林立，摩崖之间只有一个出口。这处悬空的岩石叫广岩，由灰黑色的石灰石构成，因其不规则的多孔表面而引人注目，有机物沉积凹处，这个悬空的石头还有类似钟乳石构造的形状。岩脚下是一块宽阔的平台，只高出水面几英尺，一条长而容易攀登的阶梯通往建在山里的佛寺，有很多和尚常年居住在那里，履行他们的宗教职责。

下面是马戛尔尼爵士对广岩庙的一段生动描述，但他的叙述和这些阴暗大厅现在的样子完全对不上号。"蜿蜒的河流挤进了深水湾，盆地上方巨石突兀，堆积到一个惊人的高度，险些就要碰撞到一起。被关住的河水安静沉闷，漆黑静止。我们落脚的岩架非常窄，以至于颇费周折才站上去。我们四面危机，群山在高处向我们皱着眉，悬崖从下面吓我们一跳。我们的安全似乎就系在前面向我们打着呵欠的洞穴口。我们毫不犹豫地闯入洞中，一时间有种突然逃脱的快感，但当我们审视这个避难所后，恐惧又重新回来了。我们发现在石头中劈出的阶梯又长又窄、陡峭崎岖。远处微弱的烛光在上面忽闪忽闪，我们满心期待它是我们的北极星。我们爬上阶梯，费了很大的劲儿才到了一个地方。一个光头和尚从他的小房间出来，主动为我们充当向导。他领我们到的第一个地方是寺庙的餐厅，这是一个洞，差不多有二十五立方英尺，透过一面很大的开口可以看到下面的河水，开口处有栏杆挡着。这个房间乡村风味，陈设得当，桌椅擦得发亮，有五颜六色的薄纱灯笼和纸灯笼，中间悬挂着一个伦敦制造的大得惊人的玻璃枝形吊灯，由广州一个富裕的中国信徒敬献。爬过很多级阶梯，我们困难地来到寺庙。寺庙在大厅正上方，面积要大得多，

一座巨大的菩萨雕像，面相神圣，笑容恐怖，露出两排镀金牙，他头戴王冠，一手持短弯刀，一手持火把。我对这巨大的神能了解到的详情极少，即便是靠菩萨的信徒为生的和尚，对他的历史也知之甚少。从他的武器特征，我推测他是某个伟大的王子或古代的将领。如果真人和他的雕像有几分相似的话，那他一定是一个非常可怕的将士，在他的时代里可能并不逊于普鲁士王或我们的斐迪南王子。华丽的祭坛在他脚下由灯烛香火点缀着，和天主教教堂的布置非常相似。墙上挂着许多匾，上面用大字写着箴言训词，告诫人们要虔心信教，多做善事。雕像对面的墙上有一个很宽的缺口，需要强大的神经和冷静的头脑才敢从那儿垂直往下看。上面的石头将其摇摇欲坠的影子投射在远处的灯光下，下面沉睡的深渊积聚了恐惧和最可怕的意象，冲击着被迷信笼罩的人心。从寺庙出发，我们通过窄长的画廊来到其余房间。房间都是石头造的，凭着僧人无坚不摧的毅力和劳动，从石头中凿出了厨房、单人小间、地下室，还有其他各种壁龛。弄清了访客的身份，和尚又点了些火把和烛台，这样我们才能看清居住在洞穴里的都是些什么人，以及他们的生活方式。这里居住着许多我们的同类，和我们具有同样的机能。他们被埋在大山底下，被束缚在岩石上，遭到迷信和盲信的不停噬咬。在我们看来，他们的处境就是修道苦难的最后阶段，处于人类的最低生活状态。那些满怀抱负的思想、格调高雅的欲望、赋予生命的火焰、灵魂的高尚能量、人类的特有尊严全都沉沦腐烂，被消灭在这毫无希望的宗教地牢之中。我们带着同情和厌恶将目光从这番景象上移开，勉强从理性和哲学的光芒中寻找一丝安慰。"

中国商人的园林

　　中国的园林看似是把不同大小和风格的建筑毫无章法地组合在一起，但却蕴含了丰富的想象力。外面是阴暗的墙壁，父母和丈夫将女眷锁在深闺之中，但内部环境宁静宜人。中国的建筑看不出有什么艺术可言，但如果认真分析比较一下，就会发现它颇成体系，一些看似多余的东西也很合情合理。西方那些巨大的石拱门和庄严的大教堂都是根据数学原理建成的，但中国人对此一无所知。在我们的建筑师看来，用直角三角的形状来构架房梁是十分荒谬的，他们不敢冒险做跨度大的房顶，因此也就出不来宽阔的屋顶。中国人喜欢这样的房子，即使他有很多钱，可以养一大家子人，他也不会修多大的房子，而是圈上一块地，盖很多小房子，全归他们家享用。他们的屋顶很窄，当需要一个宽敞的房间时，

只能引入柱子。阳台也是用柱子支撑的，柱子后面的房子通常只有一层，当地方够宽敞的时候会修二层或三层。为了不让家中女眷被外人看见，常会扩建一些附属建筑。南方需要阳台来遮阴，每个房间的前面是敞开的，省了描金漆彩的窗格隔挡，楼上房间的门也是用来透气和透光的。支撑房间的柱子是松木，有些雕刻过，常见的是彩漆无纹的。椽子上覆盖着凹状的琉璃瓦，看起来很像英格兰的屋面瓦。青砖白缝，效果很好。不管欧洲人觉得中国人的房顶漂亮还是畸形，这都是建筑师在一座房子上花费最多心血的部分。山墙装点着风格怪异的漩涡花纹和金龙图案，还有田中花朵，天上飞鸟和林中野兽等各种图案。设计师将大自然的鬼斧神工与艺术的匠心独具完美地结合起来，凿湖造池，砌石成山，小桥流水，假山池沼，或与水相邻，或始于花圃，园林布局所展现的奇思妙想，让外国人啧啧称奇且难于模仿。在乡间隐居的雷先生写道："我非常想看到中国的建筑风格与我们清澈的河流及高贵的庄园结合起来的样子，我们可以修那样的一组房屋，看起来就像是给森林女神建造的一样。要胜任这项工作，建造者必须先到中国旅游一次，要结合中国的元素，否则他根本没有那种灵感。"

西樵山

距广州市西约一百英里处有一组山峰，所占面积和突起的山峰引人注目。山顶是白云的栖息地，孕育出众多河流，扩大了通航量，使西江两岸土壤十分肥沃。所有游客和作家都赞美这一地区的景色美丽，但这不是此地唯一的财富。这里主要的生财之道是工艺品，加上沉睡在群山周围的丰富物产，包括黄金、宝石、丝绸、珍珠、沉香、水银、锡、铜、铁、糖、钢、硝石、乌木和大量香料等，使得广东成为中华帝国最富饶、商业气息最浓、文明程度最高的省份。

没有哪里能像西樵山的山景一样，可以直接通过传奇和栩栩如生的绰号勾画出来，这里的每一处峭壁都有自己的传说。

整个西樵山状似一条浮龙，龙身每一个弯曲处的环形距离至少有四十华里。大自然的鬼斧神工在它的周围形成了四个很深的裂隙，分裂的椎状体形成七十二个险峻的高峰，这些高大的山峰宛如环绕着中央堡垒的塔楼，状如莲花簇瓣将云谷包围起来。云谷又称云中山谷，是群峰之间一片广阔肥沃的平地。东边吹来的凛冽疾风被山峰所阻，这些山峰形成了一道密不透风的屏障。西北方有白山、大滑铁、绿云峰和狮子峰，这些山峰一山高过一山，在到达最高峰后逐渐下降，一直来到大河岸边。大河缓缓流动，绕过山麓向着澳门流去。一股清澈透明的泉水从云中山谷的中央流下形成溪水，水流从一个悬崖冲向另一个悬崖，形成一道道气势磅礴的水帘，最后汇入怪石嶙峋的水库，提供了丰沛的水源。生活在欢乐谷中的居民凭借卓越的想象力起了很多神奇的名字，见到宝藏就用金银井、铁泉水和碧玉洞等名字来表示，闪电显然经常使雷塘仑两侧及其峰顶震颤就起名叫雷丘，而魔鬼峰、圣灵手和九龙这些名称则是将神话传说保留在它们的名称之中。小溪蜿蜒穿过进山口跌入下面的深渊，在视野中突然消失，再经过地下河进入珠江。云中山谷里这些真实的景象，多么像道家想象中的远离世人的隐居之地啊！

西樵山居民从事的职业中，渔业是最稳定的职业之一。不满足于用鱼钩、鱼线钓鱼的繁琐，中国人用精心编织的渔网来捕鱼。他们驾着配有两根控制杆的平底船，把两根粗糙长杆的一端捆绑起来，另一端支撑起一个渔网。渔民把操纵杆拉到若干英尺高后沉入水里，等鱼饵将鱼诱入网中，再将网拉出水面，船尾有一名助手早已准备好收网，基本和香港渔民的捕鱼方式一样。

七星岩

　　七十二峰位于广东省西部地区，在这一景色优美的地区内，七星岩的地理位置最异乎寻常，也最能体现该省的风景和农耕习惯。这一地区的断层和多样化的地质形态，给人留下了深刻印象。在沧桑巨变过程中，如今位于孤立岩石之间的低地，过去也许曾被淹没于海底。孤立的山丘在中部突然升高，或是因为风化，或是受到河水侵蚀，这些次生石灰岩变成各种怪诞的形状。远处耸立的高度达五千英尺的五峰山，是这里唯一的花岗岩构造。这些孤立山丘的每一处岩石架、台地和顶峰都被人为低缩小，培育高产的土壤使其服务于人类，它们曾经贫瘠的外貌也已得到改观。一些碎裂的岩石带成为一种贫瘠的土壤，在这种土壤里种植茶叶比在肥沃的土壤中长得更好。在另一些地方，山谷深处的黏土被挖出来在裸露的岩石上铺到足够厚，以便进行种植。点缀在七星岩两侧陡坡上的农舍、周围的桑树和茂盛的茶园，证明了土地的密集程度及耕种者的辛劳，从拥挤的平原地区被排挤出来的那部分更为穷苦的人和新近到来的谋生者们，被迫在山里寻求活路，用从祖先那里学来的经验建设自己的幸福家园。

在富饶的平原上巍然屹立的七星岩山体，因其美丽雄壮而受到中国人赞美。瀑布从山上飞流而下，每隔一英里形成一道巨大的透明水帘，挟着隆隆的轰鸣声奔向大河，声音在数英里外都能听见。美丽的瀑布风景如画，水源地是一个圆形山洞，山洞周围有四座高山环绕，高山的顶峰林木葱郁，当地居民称此洞为密林空洞。那些山峰的别称更具当地特色，更富想象力，也更为古朴和意味深长，一座峰叫凤凰巢，另一座叫碧玉台，第三座叫烟霞露台，山上的羊肠小道被称作云中路。一道大瀑布在云雾山前滚滚流下，瀑布下落时发出巨大的轰鸣，水波仿佛在潮汐中翻滚。

这幅图不仅描绘了这里的美景，也有一些对农村百姓的有趣描写。这里的人显然非常重视种植葫芦，让葫芦悬挂在人工搭建的框架上，框架由大约七英尺长的柱子做支撑，这样方便种植者管理。在植物学家眼中，这种植物不过是寻常的葫芦，但在中国人眼里却很有价值。葫芦瓢可以食用，取出来，经过煮醋，然后与大米和肉混合到一起，制作成布丁。葫芦的外壳可作为饮水用具。空葫芦还有一些其他用途，虽然不值钱，却十分巧妙，比如在捕猎水鸟时用来伪装捕鸟者的头，水稻田里也大量使用葫芦。

大黄口炮台

　　珠江两岸风景如画，江水分成数条支流，足以让外国航海者找不着北，却也给居住在河两岸的人带来了实在的好处。珠江沿广州而下，除了人口密集的地方外，一里又一里，植被茂密，青翠欲滴。透过浓密的树阴隐约可见一些村庄，有各种住宅，果园种着各种果树，有桃树、杏树、李树等等，在开花时五彩缤纷，即便是高手也难以描画出这番美妙景致。在碧波荡漾的两岸，橙子，佛手柑以及各式东方水果果实累累，芬芳秀美。

　　有一座貌似漂浮在水面上的小岛，大黄口炮台就建在这座岛上。坚固的花岗岩石围墙内有一座四层高的塔，墙上留有枪眼穿过的痕迹，壁顶有雉堞。联系中国的军纪体制和战争艺术，建塔的初衷很明了，哨兵从高塔上可以发现敌军，并下令防御墙内的炮手开炮。这个设计最大的不利之处就是高塔容易被敌军发现，会遭到敌船炮火攻击，从而导致整个炮台被摧毁，火铳、火绳枪及所有的武装人员都将葬身于废墟之中。整个小岛的面积约一英亩，除了几棵高大的榕树，其余地方都用作工事，榕树的树阴让身负重甲的战士免受骄阳灼烧。把要塞隐藏在树林中的做法并不限于大黄口炮台，这种做法在中国人的防御工事中很常见，他们认为榕树的树荫不仅可以保护士兵免受暴晒，还能保护他们躲过敌人炮火。这种自鸣得意或自欺欺人充斥着帝国上下，导致中国人在本该隐藏的炮台上竖立起一座高塔，并想当然地认为塔身盛气凌人的高度可以警告敌军不要靠近。

珠江黄塔

　　距离广州市越近，就越显得生机勃勃，不是因为河道变窄或两岸种满了庄稼，也不是因为外贸商船不停地来来往往，更重要的是长期在水面上讨生活的众多人口。领航员的房屋、商店、商人别墅和一组组窗户阴暗的民居，使得景观不断变换，房屋的建筑风格和房屋上的装饰品为这幅移动的画面增添了欢快的气氛。有一处地方很热闹，四周环境令人赏心悦目。一侧河岸上是漂亮的别墅，门前有一段宽阔的台阶，别墅有大树浓密枝叶的荫蔽，即使在大夏天也很凉爽。对面河岸上有一座佛寺，围墙里有一座高高的宝塔。过往船只都会在黄塔这里停一下，船员们下去求神保佑他们的航程平安顺利。

越过密密麻麻的桅杆，就能看到广州的欧式楼阁和工厂，这些建筑早在1856年之前就已存在。但再想往前就非常困难了，各种驳船、帆船、小船、货船和大型船只密集地排放在水面上，新到的船根本插不进去。若无警察的协助，根本无法驶抵海关，即使有警察协助，要想往前也是一件很困难的事。置身于这样的杂乱环境，粗鲁的污言秽语不绝于耳，船只之间相互碰撞，时常会造成人身伤害。宁波口岸通商之后，这里的暴力场面有所缓解。另外，澳门建立起了更自由的水上交通，英国人在香港解决了这一问题。广东人有着丰富的对外贸易的经验，城市的人口不断增加，他们希望排外体系再次恢复他们广受诟病的对欧洲和拉美贸易的垄断，但看来注定是要落空了。

广州一条街

广州向我们提供了一个中国市井生活和街道风俗的标本。分析对其劳动者和商人行为礼仪的各种描述，一种与欧洲的巧合，远超一般人想象的与伦敦古老习俗的巧合，就会展现出来。由于建城年代久远，兼之繁华的商业早已经发展起来，这里的人口已经超出了城市所能容纳的极限，于是便出现了广阔的郊区。但本插图既不描述广州的郊区，也不描绘欧洲的郊区，而是真实描写广州这座中国城市中央的一条繁华商业街道。广州原城墙总长度仅为六英里，但城市和郊区的人口，加上生活在珠江舢板上的两栖居民，总人口估计达到一百万！

尽管城墙之内的土地面积非常有限，但从狭窄的街道和密集的建筑

来看，街道和房屋的数量仍然多得惊人，这样的布局
自然不利于四轮马车的行驶。类似于伦敦的石板庭院
与过道，广州的大街小巷为步行者提供了极大方便，
这种做法可以有效地减少与广场交汇的大道。将广州
的大街与巴黎的拱廊相比较也没有什么不妥，除了
覆盖在拱廊上的玻璃檐蓬，其余各方面皆有得一比。
每一条大道都铺有宽大的花岗岩石板，四轮马车非
常时尚，假如能够获准，它们就会像有轨电车在轨
道上一样轰隆隆滚滚向前。当然在大多数情况下这
是行不通的，因为多数街道都很狭窄，只有门那么宽，
走不多远就会碰上一道活页木门或者铁门，门卫室
里面住着守夜的警卫，这些人奉命守护每一条街道，
防盗防火并维持治安。街道如此局促并非罕见，在欧
洲大陆的大城镇中也屡见不鲜，那里的犹太人被限
制在特定的街区之内，每一条街道的尽头都竖立着
一道大门，这些门在夜晚总要上锁，由当地警察守
卫。在日本的长崎，如果荷兰商人希望上岸过夜的话，
就要提交一份同意接受夜间监禁或监视之类的文书。

建筑科学知识的欠缺，尤其是对屋顶支撑结构
知识的不了解，阻碍了中国建筑工人的努力，使得
这里的房屋很少超过两层楼高，就连两层楼也得在
木构框架支撑下才能完成，这样的框架结构还是从
荷兰引入的。在英国的曼彻斯特和其它古老城市里，
至今仍能见到这样的建筑。富人的房屋通常用砖石
修葺而成，次一点人家的房屋由砖木或完全用木材
建成，穷人的房屋直接就用泥土糊成。乾隆皇帝在
看了英国的房屋建筑后曾说："我国的土地资源严重
稀缺，因此我们也需要修建这样高的房屋。"

只要看一看托马斯·格雷沙姆爵士时代的伦敦朗伯德街的旧图，就会对今日的广州街道有一个大致了解。街道两边的房屋门窗大开，向外升出的屋檐、落地窗和走廊使屋里的光照不受天气变化的影响。所有商品均摆放在外，任游客自行选购，公众的诚实得到高度信任，顾客在广州的商品街体验到的随意与自由，胜过了伦敦或巴黎的商店。所有地方都摆满了竹制的大伞、竹杖和竹编斗笠，在伞下做成一桩桩买卖。黄昏时分，沿街各家各户的大门或窗户上都亮起灯幌。即使白天，这一中国式标志也很少取下来。橱窗上或者门边通常会放置一个标志，象征着店主的名号或者以某种方式关联到这一家族的经商历史。这在伦敦也曾经是一种流行风尚，蚱蜢就曾经是托马斯·格雷沙姆爵士的标志。另外还可以通过镌刻在店门上或者客厅内显眼之处的格言，来进一步追溯英国与中国古老城市街道之间的更多相似性。英国的老菜馆大门上方都有一句与众不同的"精打细算"之类的格言，在曼彻斯特有一座木屋的店招上就写着"上帝的节俭就是我们的遗产"，过去英国许多人家客厅的橡木墙上都装点着经典的名言。中国也有在门上、飞檐和石板上刻写孔子经典语录的做法，全部是一些劝诫和说教的内容，而英国的店主却只保留了生意场上的三个格言，即"概不讲价"、"概不赊欠"和"概不退货"。

中国人的商业格言数不胜数，其中有些显然更受欢迎，最受欢迎的格言有"早起的鸟儿有食吃"、"概不赊欠"、"闲聊久坐伤生意"、"生意循环如转轮"、"货真价实"、"细水长流"等，有的会在门上

挂一块匾刻着"僧人乞丐不得入内"。

官员们降尊纡贵地到街上购买家庭用品，并不像在其他场合那样总是在大队随从的陪同下出现，狭窄的街道也使那样的队伍行动极为不便。

尽管中国人在衣着、语言、法律和宗教等方面与欧洲人有很大差别，但二者的社会习惯却有着惊人的相似性和趋同性。有人指出，广州的一大特色是从事同类贸易的人会聚集在一起，并占据特定的街道。欧洲的大城市也采用这一做法，帕特诺斯特大街就是一个有名的例证，实际上这一做法在我们的市场上更为普遍。老街道的名字听上去怪怪的，当然这是指中文发音，其实并不比我们街道的名字荒唐。最为外国人熟知的名字是龙街与金街，有许多狮街，这是根据其民族象征来命名的，还有金色广场和金色街道、金色小巷等等。中国的街道令人愉悦惬意，人们毫不掩饰地追求财富，许多商店内都供奉着财神。

在城市人口最密集的地区，人们采取了最大限度的措施来预防火灾。一旦发生火灾，就要采取措施尽快扑灭。每一条街道都有守夜人，他们拿着声音洪亮的铜钟、大锣或者大喇叭来报警并唤醒居民。还有一种用竹子搭建的瞭望台，几乎高出了每一座房子的屋顶，从那里可以远远就望见危险或发出有效警报，这种方法经常能够帮助人们逃避痛苦的死亡。

广州丽泉行清泉宫

　　英国的风俗习惯只不过流传了几百年，要解释清这些习俗的起源都很困难。英国有些地方的建筑是公元十世纪之后的，并且世代有居民居住，但这些建筑的具体细节完全不为人所知。因此不能清楚地揭示中国一以贯之的神秘，这很正常。

　　广州附近的丽泉行（包括清泉宫）的规模不亚于本书中描绘过的其他建筑，它美丽、优雅而富于想象，恰当地体现出园艺建筑的流行风格，展示了中国上流女性打发休闲时光的方式。浓荫遮蔽的林园中，廊柱、阳台、飞檐和垂柳抵御着闷热的阳光，湖水为岸边的人带去一丝丝清凉。雕梁画栋的楼房十分优雅，栋梁和浮雕都镀上了一层金，显得富丽堂皇。

游船的船体是梦幻的艺术的，湖上名媛们穿的全是有金丝刺绣的丝绸旗袍。距离感是家庭装饰和园林园艺追求的主要目标，需要引入大的物体以造成视觉误差，所以楼里有盘龙柱、走廊，外面则有桥梁、瞭望台和岩石。中国女性的日常活动主要就限制在这里，走过精美小桥，从露台到凉亭，再从凉亭走到宝塔，有限地享受一次旅行的乐趣。

从有关的中国书籍中我们得知，中国的女性不太受人尊重。高天之阳属于雄性，大地之阴属于雌性，但这并不代表高天就比大地更优越。莫里森博士的一部译著——该作品的真实性或价值尚不确定——强化了这种没有确凿证据的印象，那本书上写道："儿子出生之后睡在床上，身上穿着袍子，手里玩着珠宝，他的哭声高贵而响亮。而女儿出生时穿的是包裹布，玩的是瓦片。她既不能作恶也不会行善，她只知准备美酒佳肴，不让她的父母伤心。"但是，"She is incapable either of evil or good"其实也可以翻译为"她不能忍受疲劳和痛苦"，这就是截然不同的说法，无论如何那都是一篇幼稚的作文。

不论丽泉行别墅内部有多么奢华，都不应仅仅被看作家庭建筑的一件艺术品，而应看作在中国非常流行的别墅风格。当殷勤好客与中国绅士的性格相关联的时候，当这真正成为他的一种性格特征时，我们不能下结论说这种

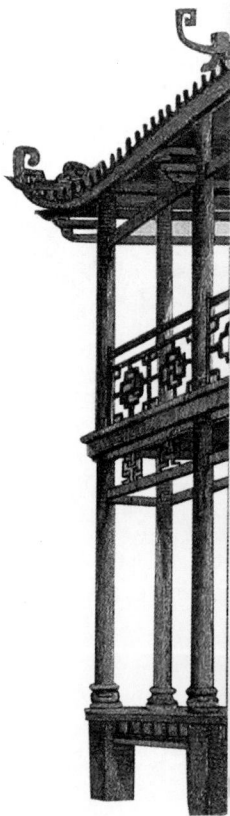

做法类似于欧洲人。官员的住宅是按照法律规定修建的，它必须包括如下区域：一部分用于接待来宾和从事娱乐活动，另一部分则专门划归家中的女眷使用。因为只有女性才能进入内院，因此其装修几乎穷尽了人们的想象力，消耗掉大量家财，景观也就相应地呈现出林园的特征，但见庭院深深，垂叶蔽天，湖面上凉风拂煦，优雅万端，湖周围亭台楼阁窗扉林立，即使在正午最热的时候，也能让人感受到一丝凉爽。

教育没能惠及中国的女性。孔夫子认为男性有智慧，属于上天，并注定不朽，他说女性"属于朴实的大地"，因而低于男性。中国的法律禁止女性出门接受文化教育，中国的风俗习惯甚至装腔作势地鄙视已婚女性的每一种孝顺行为，中国人麻木不仁，竟使得这种公然违背自然法则的陈规陋习得不到改正。

中国女性完全被剥夺了享受知识的乐趣。为了弥补给她们造成的伤害，有钱人便为自己的妻女修建游乐场、池塘、花园、洞穴以及适合她们的种种娱乐项目。没有哪个官员或商人能够超过潘长耀在广州近郊的别墅中展示出来的豪气和品味，丽泉行府邸的庭院、大厅、画廊、门廊、阳台和其他形状怪异的建筑，远非一般的豪华所能企及。潘长耀的家人所享受到的娱乐似乎超出了她们的能力，她们的裹脚对此也无能为力。

在一个八角门廊下面有两个路标，一个指向游船方向，另一个朝着原来的方向。门廊的廊檐上有荷花或倒置的莲属植物绘图，美丽的荷花被视作圣物，至少中国的佛教徒们能够理解这个术语，它似乎是中国建筑物的宝顶或伞形顶的来源。这种花形状细长，适用于任何高度的建筑物，在丽泉行府邸，倒置莲花被用作门廊或廊柱的点缀。希腊人从树的根茎部位获取了圆柱的灵感，西欧从德鲁伊树林里吸取了群柱和交叉拱门的灵感，另一种类型的仿自然建筑如洞穴内部的石笋装饰，是摩尔人修建最华丽宫殿的装饰方式。

海幢寺的码头和入口

广州城的珠江南岸有一处地方，这里常常有游客来玩，来得最多是求神拜佛的香客。古色古香的海幢桥，一头连接狭小肮脏的街区，另一头则是远离喧嚣的岛上仙境，这里风景秀丽，两岸树木郁郁葱葱，有的探入水中，有点绿荫如盖，影影绰绰，色彩纷呈。

中国著名的海幢寺是教徒顶礼膜拜的地方，寺庙紧邻水边，码头上常年人头簇拥，船只往来频繁。从这些繁杂的民众，不难看出他们卑微低下的素质。他们向一块木头请求宽恕自己的罪孽，宽恕自己在世间无所作为，乞求在阴间不遭刀叉斧钺之刑，不受绞索折磨之痛。一部分奸险小人利用老年人的昏聩对他们坑蒙拐骗，他们认定这些老人注定应该

倒霉，一部分人的愚昧成全了另一部分人的奸诈。在中国，善恶的标准是什么？怎么辨别真伪？什么是善恶的分界线？

寺门口有一组小巧的建筑，包括山门、屏风、山墙、挑檐、凹顶、怪兽，看上去令人赏心悦目，给码头平添了一种乡村酒馆的感觉。这里是通往那片菩提树林的入口，尽管由于难以成活且水分缺乏，那些高大庄严的菩提树还是经受住了数百年风霜的侵袭，参天的大树像警惕的哨兵一样把守着下一道门。过了这片树林有一道围墙，顺着一条与之相交的石板路，就来到了一个各路神仙鬼怪所在的地方。广场有三座大殿，里面供奉着许多华丽的神像，也多了几分森严。中间的大殿供奉着三尊佛像，称三世佛，乃是佛祖的三位一体，即过去、现在和未来佛。右边是过去佛迦叶诸佛，中间是现在佛释迦牟尼，左边是未来佛弥勒佛。现在佛的神力可以控制人的命运。虽然佛像呈坐姿，仍有十一英尺高。三座金佛前均摆桌设坛，陈列香炉、鲜花及各色奇珍异果，袅袅香气缭绕，两旁还配有十八罗汉，保佑满族皇室兴旺。两边墙上装饰着帷幕，用金银丝线绣满了儒家箴言。房顶由镀金彩漆的柱子支撑着，横梁上挂着许多灯笼，朦胧的光线让四周弥漫着神秘的光，让神像更为肃穆，僧侣们在佛前日夜诵经祈福。

寺内有好几个规模相当的大殿，都装饰有各种各样的艺术品。除了虔诚礼佛的大殿，寺院还有大量僧房供数百僧侣住宿。根据修道级别的不同，僧侣们的待遇也大有不同，有的履丝曳缟，挥金如土，有的则

赢形垢面，穷困潦倒，任何国家都不会有比这更明显的对比了。同一座庙堂内，一边是虔心弘扬佛法的芸芸众生，一边是披着佛衣的骄奢淫逸，这些享受特权的畜生被无微不至地饲养和照顾着，一本正经地在这个穹庐中度过他们的余生。

和尚们在佛法统治下修行，佛教仪式也相当威严庄重，得道高僧在佛前虔诚地跪拜磕头，但拜佛之人看起来也没有受到什么感化，他们面无表情，一副事不关己的样子。事实上，中国根本没人真正信奉佛教的信条，大殿除了举行他们所谓的仪式以外，有时居然还做世俗之用。阿姆斯特伯爵离开北京造访广州时，当地官员不假思索地就把特使安置在海幢寺的大雄宝殿，其实他的爵位根本配不上这样的礼遇。三世佛被请到河对岸安放，主殿、诵经堂和走廊都成了宴请外宾的地方。随行的学者注意到了这个现象，写道："这个国家的人对宗教的信仰并不稳定，改变他们的信仰不是难事，只看真理是从谁口中说出来的。"

海幢寺

    这是中国南方最出名的寺庙。正如许多欧洲人看到过的寺庙佛像，插图中尽管极尽奢华，其真实性却不容置疑。在雕梁画栋的宏大建筑里，装饰着不计其数的肖像，象征着内心的善或恶。殿内挂着许多画，画面表示犯人在地狱里受审、定罪和惩罚，但是却没有表达天堂快乐的图画。庙里的三尊大佛装饰着俗丽的彩带、精致的瓷罐和各种说不清楚的装饰品，供人们参拜。这三尊佛分别是过去、现在和未来佛，高约十英尺，呈坐姿，宝象庄严，金光闪闪。现在佛居中，过去佛居右，未来佛居左，三世佛是中国人最喜爱的佛。每一尊巨像前都有一张祭台，上面摆满了各种供奉，有线香、熏香、鲜花、香料杯子、花瓶等。锡纸应用很广泛，香锭散发着香味，点燃的烛火象征着佛对人类统治的不灭本质。

佛像头上的牌匾，用中国汉字书写着四个大字"大雄宝殿"。

　　海幢寺本身以及它所推崇的教义，都在其细节中得到充分体现。谁也无法否认，中国佛教寺庙和欧洲早期基督教堂的仪式有诸多相似之处。基督教的戒律与佛教的清规都鼓励传道。对照儒家著作和以赛亚书，清楚地提到西方有一个人，本人集帝王、教士与先知于一身（基督）；他由一个女性照料，中国人称为王母娘娘（圣母玛利亚）；在他年满十二岁后，他退出公共事务，但不久后会返回，传轮回（死而复生）；在创建他的宗教后他将会化身为佛（耶稣升天），一个人有三重化身（三位一体：圣父、圣灵、圣子）。三重身在这里由三尊金佛代表，不难找到还有更多的类比。

信徒求签问卦

　　尽管手段不如希腊罗马人的花样多，托词也不那么具有欺骗性，但中国人利用其同胞的轻信用最卑劣的手段来满足他们对宿命论的信仰。无论在什么地方，到处都有庙堂，任何有三条路交汇的城镇乡村、最高山的顶峰、最隐秘的深谷、人迹罕至的偏僻之地、森林深处的荒凉之处，庙堂大门永远敞开，欢迎信奉宿命论的人来这里测算命运。庙堂里建有神坛，供奉着观音菩萨，祭坛上放有瓷瓮，里面装着貌似简牍的筹策。筹策又称为运签，上面刻有一些文字，与庙里的卦书有着神秘的关联。

　　贫困地区的香客稀少，使靠施舍为生的僧人的生计很不稳定，因此庙内无人值守，竹签立于瓮中，卦书束之高阁。在富庶的地方，庙里

总会有僧人值守，有大量的算卦书，还有大量面目狰狞的雕像象征黑暗的未来。老百姓有很多事情都需要求签问卦，比如出行、动土、嫁娶或安葬等，求签者付给僧人一笔钱，拿起筹瓮，忐忑不安地连续摇动，直到有一支筹策掉出来。僧人查看筹策上的文字，把它们与卦书上的解释文字进行比较，然后宣布求签者所求之事是否顺利。虽然在苛捐杂税面前能忍气吞声，但在乞求得到神的帮助时，中国人却不愿轻易服从神灵，如果头一两次摇出来的签不能满足他的预期，他会反复再摇，直到取得成功。之后他点燃香火，将包裹着锡纸的签纸扔进火堆，用袅袅轻烟来昭示他虔诚的感激之情。就在这些仪式中，从欧洲进口的锡纸被大量消耗掉了。

德国的算命和中国的模式几乎一样，求签习俗的迷信色彩远远超出其他国家。如果一个公众关心的问题悬而未决，教堂里的牧师就会将做过标记的树枝切成小段，随机扔到一件白色衣服上。没有特别的祭物，他将每一段树枝高举三次，连续九次后，就开始解读神谕。英国的农民有时也会问签，但从不较真。英国驻广州领事李太郭说："我看到过一伙拾穗人，他们不知该去哪儿拾穗，便把一根手杖垂直竖着，通过它倒的方向来领得神谕。"犹太人也有类似做法，"人们用树枝寻求建议，神会给他们启示。"

　　希腊人和罗马人也会求神谕，在许多古老的圣地都有阿波罗神庙，庙里有预言者、占卜者和祭司。求神谕成功了，就会在大众心中产生影响。许多极权的国王沉溺于这种邪恶轻率的做法，做出了有辱帝王之名的事，尼禄、埃拉伽巴路斯、马克森提乌斯、尤里安都是巫术的庇护者。在中世纪欧洲历史上，统治者们这一病态的喜好从未减退。据说埃里克大帝通过魔法帽可以掀起风暴，也可使风暴平静，还可以不知不觉地将自己或其他人从一个地方转移到另一个地方，他的敌人造成了很大伤害。拉普兰曾经有一个巫婆阿加伯塔，她可以变身成各种形状，并可以预言那些来找她的人的命运。西门·玛格丝、阿波罗·提亚斯、帕艾特、杨布利克斯都是巫术史上赫赫有名的人物，据说他们有能力建空中城堡，可以操控严阵以待的军队，能支配财富养活成千上万的人，能保护自己免遭迫害，昭示远方国家即将发生的事情，还可以让死者突然还生。他们是怎样做到的呢，这是个谜。通过各种工具，包括咒语、春药、护身符、符咒、幻象、硬币，并参照星象、山结、野蛮的刑罚、骨相学以及手相术，他们营造出最复杂的手段用于迷惑、欺骗和犯罪。这一切很有欺骗性和诱惑性，让部分胆小迷信的人以为得到印证，精通占卜的吉普赛一族就是这么形成的。

天成路江湖郎中

　　千年的文明给中国人带来安逸而高雅的生活，但他们自己却极大地贬低了这种风雅，满足于赌博、吃鸦片、抽大烟、喜欢小丑表演等各种低级趣味。他们相信变戏法的、算命先生和江湖庸医，这些江湖冒险家最喜欢出没的一个地方就是天成路。天成路是一个商业区，来往人群就像大海的浪潮似的，永远处于一种动荡状态。邻近牌楼处的道边最常被光顾，民众很喜欢聚集围观，这充分证明了民众智力状态的普遍低下。在那一伙骗子中，最无赖也最普遍的是江湖郎中，他们的主要骗术就是迎合每个人的切身利益。有许多人虽然表面上在谴责他们，但暗中又购买他们粗制滥造的所谓秘方，鼓励了他们的欺诈行为。这些江湖郎中通常随身携带一张普通的条桌，将各种药包、药罐、图片、器具和膏药摆放在上面，间或在地上铺一些纸，就像我们欧洲的庸医一样，纸上用金字写着经他治疗过的病人数量和治愈的病人姓名。演讲技巧和对话能力构成了中国江湖郎中的主要特质，因为治疗是建立在尽量对病人进行诱导和病人轻信他的基础上完成的。对于人类肉体所承受的各种病痛，因为偶然事故或天生缺陷而导致的畸形，中国庸医敢担保能解除任何病痛并会矫治任何畸形。尽管没有任何亲身经历可以让人们相信他的医术，但瘸子、瞎子和聋子都会围聚在这个骗子的摊点周围，他们的希望就建立在他自己的滔滔雄辩上。各地的老弱病残和愚昧之人的最大特点，就是容易轻信爱上当。

图中台子旁边有一个医生正在讲述解药对治疗毒蛇咬伤的种种益处，一个助手正将一条蒙着头的眼镜蛇放进自己嘴里，而另一个不那么强壮但更有用的助手正在将神药换成现金。大骗子自己站在条凳上，头戴一顶竹篾编织的锥形帽，双臂裹在粗布制作的很厚的紧身衣的衣袖里，腰间束着一根丝绸腰带，一只手拿着一条蛇，另一只手拿着医治毒蛇咬伤的解药。

那条扭来扭去的蛇被调教得非常温顺，它会尝试去咬自己的主人，然后摆出一副极不情愿的绝望姿态。在证明这个人类的敌人仍然保持着其伤人本性之后，医生一边要求大家小心提防，一边从散落在柜台上的一个口袋里拿出一枚药丸。当蛇想再次咬人的时候，就把那枚药丸凑近毒蛇，蛇会立即往后弹回并且努力逃避他的控制。万一这一招不奏效，只消将解药涂抹在前额、脸颊、手上或身上任何裸露的地方，并将解药拿给毒蛇看，也能产生令人信服的神奇效果，因为蛇看到药丸时，似乎会带着同样的厌恶神情突然往后缩。中国有一个古老的谚语叫做"眼见为实"，医生与蛇每表演一次，都会售出大量的药丸。

虎贲军

　　城镇驻军都是满族八旗军，在特定情况下，他们也是皇帝的侍卫。每个城镇的驻军由一名总管指挥，总管不受地方官员节制。他手下有两名副将，称作都统，一位统领右军，另一位统领左军，军队也分为左、右翼，分别听从他们的指挥。总管本人称作将军，他的外衣上绣着一只虎头，头戴一根三眼孔雀花翎。这位将军通常是省衙门的成员，但他可以独立行动，不受文官节制。北京的八旗军各自都有自己独特的彩旗。军队的建制如下：一、主力部队是由满族或蒙古军队组成的八旗军，分别由八名指挥官指挥；二、步兵或武装警察，由一位将军、两名副将指挥；三、炮兵，由满族或蒙古指挥官指挥；四、标枪营，同样由满族或蒙古指挥官指挥；五、先头部队；六、长矛骑兵队；七、训鹰队；八、摔跤手和弓箭手部队。在和平时期，这些部队的服役范围仅限于北京。在其他城镇，八旗兵也不承担军营之外的义务，除非爆发对外战争和国内叛乱需要他们采取行动。

皇帝的贴身侍卫被称作虎贲军。如图所见，他们穿着黑黄相间的条纹衫，象征着虎皮，头戴有两个护耳的束颈帽，帽子由竹篾条制成，编织得非常紧密，可以抵御猛烈的一击。他们的盾牌也是由相同材料制成，上面画着虎头或别的凶猛动物的形象。这些卫士的职责是随侍皇帝，保护他不受一切敌人伤害。

最高军事职位是将军，这一职位不能由汉人担任。一个民族的军官不能指挥另一个民族的军队，这已成为一条铁律。不过，无论满人还是汉人，他们都不具备任何军事战略方面的才干，这个国家的腹地有几个山头居然至今能保持独立，可见帝国的军事力量真的很虚弱。"中国的军事官员有一个非常奇怪的特征，他们经常会受到肉体惩罚，还要披枷带锁示众，最高官员偶尔也要替父母挨一定数量的鞭笞和示众，这一定是他们提高军事素养的一种非常奇怪的方式。"

类似古罗马的做法，中国也形成了一些军事屯垦区。屯垦区起源于皇帝修建长城，起初是为了阻止掠夺者入侵而建立的一些军事哨所。因为发现非常有用，驻屯军的人数也随之增加，并建立起了其他的屯垦区，屯垦区不仅建立在边境线上，还建立在农业落后地区。驻屯军分为两类：一类驻守边界，抵御外来侵略；另一类驻扎在蒙古和东部各省，既有政治目的，也有军事战略意图。1736年至1820年建立的几个驻屯区，现在都很繁荣，屯垦区也是帝国疆域的一部分。屯垦区建立起来之后，每一位军官和士兵都能拥有一块自己的地，所获收成既可以养家糊口，也可以用来支付其他的费用，但不可以转卖，死后也不能转赠他人，如果真的发生了后一种情况，就交回由皇帝处置。1812年，屯垦区土地估计有442万英亩，1858年增加到750万英亩。在现任皇帝统治下，屯垦区还在继续增加，皇帝不失时机地派出士兵到尚未开垦的地方或边远不毛之地去开荒。

警察与犯人

　　警察的职责在所有国家都是维护和平、逮捕罪犯。中国的警察人数众多，中国的士兵没有优势，因为警察并不按军衔招录。据蒙哥马利·马丁先生讲，有个曾仔细研究过这一课题的人将警察描绘为"一群民族败类，精通各种奸计，认识小偷、强盗和赌徒，深谙所有罪孽，不仅大多受贿，而且还经常出入放荡场所，做一些令人厌恶的事情"。警察的收入微薄，每个月只有一两块钱工资，但却有很多人愿意加入，有的甚至还花钱买警察当，这证明他们一定有利可图，因为像在其他国家一样，中国也没有人愿意花钱去做毫无收益的事。

　　北京的部分警察由步兵充当，"他们非常严厉，不时上街巡逻，腰挎长剑，手持皮鞭，随时准备抽打任何可能制造混乱的人。他们细心保持街道整洁，必要时还会亲自动手打扫街道卫生。他们晚上也要继续监视，不允许任何人在街上随意走动，除非有要紧事，比如去请医生等。"广州的警察被描述为"警惕性和效率都很高"。像我们一样，中国的警察也有不同级别，常规警察按不同的职能区分为警员、片警和狱警。许多地方的私人也拥有警卫，这些警卫夜间也要站岗。城里的街道到晚上就关闭了，街头设有警卫室，抓到的罪犯暂时就关押在这里。在冬季，不仅要防贼，还要防火，于是便搭建起高高的瞭望楼，火警或盗警很快就可以从城市的一端传到另一端，罪犯被抓住肯定会遭到惩罚。中国人看见某人落入警察之手时，就会说他是"砧板上的肉"，这人被抓住后会受审讯，接受鞭刑，然后不到一个小时，他又可以自由自在地重操旧业。如果有人聚集街头并且显示出骚乱倾向，很快就会被人拿皮鞭驱散。当有官员在街上经过时，前面会有警察开道，边走边吆喝民众"回避"，后面跟着敲锣的人，他们敲锣的方式表明了主人的官阶，随后是轿夫和轿子，轿子里面坐着官员，拿着雨伞、烟袋、牌盒的仆人在轿子的两侧跟着向前跑，再后面是幕僚。如果街上有人不听招呼，不愿意让路或在让路时不够灵活，一条铁链就会套到犯事者的头上，警察会立即把他拖走。

审讯犯人

中国人总体说来并不是粗暴大胆或公然犯罪的，但中国人中也有不少犯罪分子。法律规定非常严厉，对他们所犯罪行的惩罚也很重。清朝的官吏就是法官，掌管着正义。衙门都配有一面大鼓，要求伸冤的人可以去击鼓，这令欧洲人非常吃惊。没有任何固定的开庭时间，一旦抓到罪犯，就有官员听审。

司法形式非常简单。官员坐在一张桌子后面，犯人被押解到官员跟前跪下，一边站着抓捕他的人，另一边站着一名手拿刑具的衙役，官员身边有记录员，但任何案件都没有陪审团，也不允许申辩。官员听取证人证词，判决宣布杖击数量，通常的做法是向地上扔竹签，竹签就放在桌子一角的小盒子里。如果所犯罪行施行杖责惩罚即可，惩罚会立即执行；如果罪行更重，要判处死刑或流放，便会将犯人押往监狱或押赴刑场。犯人很少会被宣判无罪，如果没有证人作证，便会用刑具拷打犯人直到认罪。

广州处死犯人在城门外执行，地点在城南的河边。一位研究过中国刑罚的作家写道："被带到行刑地点后，犯人们会面向朝廷下跪，向前弯腰以表示屈服和敬畏，然后突然死在刽子手的血腥大刀之下。"叶名琛（皇帝派驻广州的钦差大臣）在这个地方曾处死过七万中国人，其中有些人死于非常恐怖的刑罚，如果把那些刑罚详细描写出来，其血腥味会让本书读者不忍卒读。

广州有四座监狱，尽管情况已经有所改善，这四座监狱还是广州最可怕的地方，这里住满了囚犯。1857年12月广州被攻占后，因为听说有欧洲人被关，额尔金勋爵便在内格罗斯男爵的陪同下视察了监狱。据一位目击者描述，这些关押犯人的地方"全是些小屋……像猴子窝一样臭气熏天，周围用双层牢固的竹栅栏围起来。几十个可怜的犯人被从里面拖出来，扔在狱警们的脚下，饿得奄奄一息，浑身布满溃烂的伤口，从头到脚都是被拷打造成的撕裂伤。"有些人的双腿受过杖击之刑，根本走不动路；有些人的腹部和腿上有很深的刀伤；有些人的双腿被打得鲜血淋漓，却仍然戴着镣铐——双脚的脚踝被铐住，手腕也戴着镣铐！这几座监狱里总共关押了六千名囚犯。额尔金勋爵没有找到欧洲人，但是可以确定有二至六名法国人和四名英国人在不久前死在了狱中。没有理睬满族官员的谏阻（他大喊大叫，抱怨自己受到迫害，想知道欧洲人会把他的监狱怎么样），额尔金勋爵下令将那些受伤的囚犯送往医院救治，不允许再发生如此恐怖的事情。

杖刑

　　在中国，一般轻罪会被打板子，行刑工具被称作廷杖。不论地位有多高，任何人都难免被打板子，连军官也会被打板子。官员干政，除了罚款，还要挨八十大板；官员推荐不当人选晋升要遭受杖刑；玩忽职守的官员也要受鞭刑；政府的雇员每年年底要接受检查，如果没有进步，要罚四十大板；医生开药不当，罚一百大板；家奴在皇宫里喧哗，要罚一百大板，他们的主人要对仆人的行为负责，也要罚五十大板。最轻的数量是打五板。廷杖约四到五英尺长，打到犯人身上那头为两英寸粗，手握的那头细一些，廷杖重达二又四分之三磅。一旦作出判决，罪犯就要趴在地上受刑——通常当着官员的面执行。

没有任何阶层能免除这种惩罚，但富人却可以花钱买到减刑。由于接受了贿赂，负责行刑的衙役可能会少打几下或者打得轻一些。行贿很有效，虽然每打五六大板就要换一个行刑者，以防行刑者力气不够，但行刑者太鬼了，尽管监刑官格外谨慎尽职，但只要喂饱了衙役，杖刑就一点也不严重。有时还发现有人顶替囚犯受刑，只要适当出点钱，犯人就可以雇人代他受刑，自己逃避惩罚。

身强力壮的人用尽力气打时会造成严重伤害，打死人的事也时有发生。杖刑结束之后，罪犯必须马上跪在官员面前，谦逊地感谢他的教训。

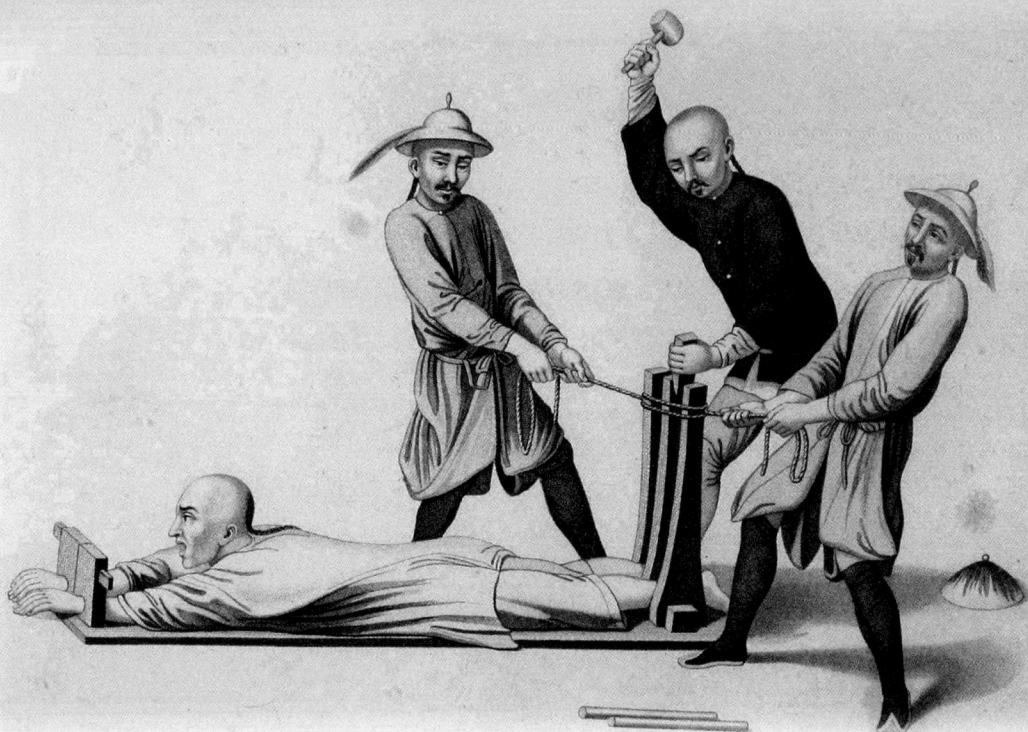

刑讯逼供

　　中国刑事诉讼中最糟糕的特点之一就是保留了刑讯逼供，当宗教狂热者和伪君子们已被迫放下可怕野蛮的刑架时，中国人却仍然允许使用它来进行刑讯逼供。

　　中国刑架的架身是一块牢固的厚木板，木板一端有一个装置用来固定双手，另一端有一副木制老虎钳，老虎钳由三块粗的竖木板组成，中间那块木板是嵌入架身固定住的，旁边两块是活动的，两侧各嵌入一块木塞来固定。犯人双脚的踝关节被夹在里面，将绳索箍在木板的外面，由两名助手紧紧拉住，一名行刑官从两边将木楔子渐渐打进木板的空隙里。使得木板的上头产生扩张力，下头则向中间那块木板挤压，受害者的踝关节受到挤压直至被压碎。如果这个不幸的受刑者坚称无罪或有罪不招，受完这一套刑具的拷问，他的骨关节最终将被挤成一团肉酱。

米尔林牧师在宁波曾经目睹了一起刑讯拷打。在官府的对面，一个犯人跪在一团铁链盘成的铁圈上，膝盖裸露在外，双手被反绑在身后木桩上，木桩插进地里，由两名汉子牢牢扶着。如果他向左边或右边转动，头上就会被猛抽一鞭，使他重新回复到原先的姿势。"那个可怜的人非常痛苦，从他颤抖的双唇、苍白的脸色和发颤的声音就看得出来，他在哀告求饶，得到的是拒绝与嘲讽：要么认罪，要么受罪。"

游街示众

中国人总喜欢公开行刑，画中描绘了两名罪犯正在接受刑罚。

第一幅画中有四个人，犯人耳朵后面的两面小旗明显是插进了头里，这样的折磨不亚于鞭笞之刑。第一个人在敲锣，这是为了吸引大家的注意，向大家宣布犯人的罪行和犯人要遭受的鞭笞次数。跟在后面的是囚犯，双手被反绑在身后，面部表情流露出痛苦与恐惧，他打着赤脚，穿着单薄的衣服。第三个人是鞭打者，他挥舞着四股竹鞭，仿佛正要将竹鞭打下去。第四个人是一个小官吏，就是由他来审判的，如今正亲临现场监督行刑。这幅图总体上是在暗示一个不文明的野蛮制度，与十九世纪欧洲人的习惯和思维方式格格不入。

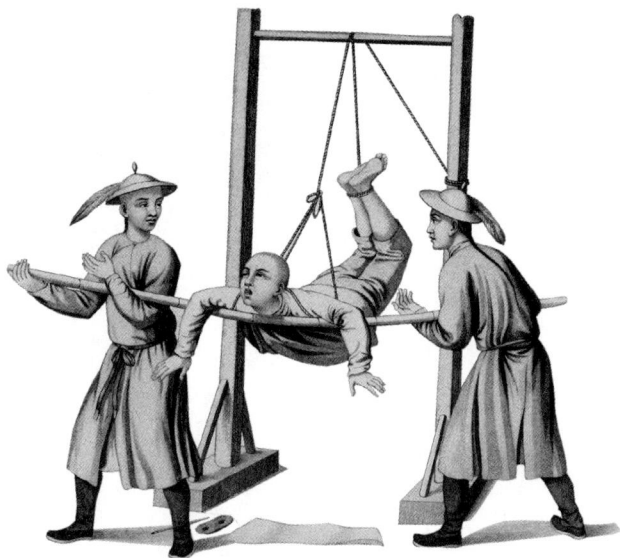

　　第二幅画是一个犯人正在受刑，他被悬吊在一根横杆上，横杆两端由两根立柱支撑，一根绳索从双臂下面拴着他的脖颈，他的双脚被另一根绳索吊得高过了头，前胸挂在一根长竹竿上，竹竿两端各有一名衙役托着推起或落下，以加重刑讯的强度。

　　中国人执行死刑通常用砍头。梅多思先生是驻华英国使馆的翻译，1852年7月他在广州亲眼目睹了清朝官员斩首造反者（落入他们手中的太平天国追随者）。刑场设在一个低矮的房间里，要经过一道牢固的铁门才能进去。房间一端是一个木棚，那是监刑官员们坐的地方。木棚前面烧着一堆檀香木，发出芳香的气味，以压制尚未运走的尸体发出的可怕腥臭味。一些囚犯走进来，另一些被裹在毯子里带进来扔到地上，他们躺在地上一动不动，不清楚是因为恐惧还是因为先前刑讯拷打所致。每个囚犯身后都站着一个人，囚犯跪在地上，被迫伸长脖子，脸朝着地面，双手反绑被一名警察紧紧压着。他被迫保持着这个最痛苦的姿势，直到刽子手手持锋利的大刀砍下他的头颅。还有一个人先被绑在一个固定在墙上的木十字架上，可怕的第一刀先割下了他前额上的肉皮，然后再割胸脯和四肢，使用的居然是短刀！都割完之后，他被从十字架上放下来立即砍头。天朝就是用这等手段来惩罚违反他们法律的人！

广东船工斗鹌鹑

　　每个国家或多或少都有某种恶习，无论那里的人们举止多么优雅，有多少道德准则，有些恶习总是不能够得到根除。伦敦、巴黎和不少首都城市都证实了这一说法，这些恶习中最令人厌恶的赌博据说还是贵族的特权。在中国，赌博基本限于平民，每年不知有多少钱财消失在赛马场、斗鸡场或会馆，也不知有多少富贵人家因此而家道败落！巴黎有许多人因嗜赌而自杀。君主制的英国也有一些贵族人家，头衔大却财产少，就是因这些恶习而家道沦落的。法律不提倡赌博，但并不取缔它，立法者的怯懦保护了这项有害的运动。

　　中国人的赌博，有点类似于英国乡村集市或赛马场的博彩骗局。珠江上强壮的船工把所有的空闲时间都献给了赌博，赌博的兴奋感洗刷了之前的苦恼，疲惫的商贩暂时得以解脱。孩子们也在某种程度上参与赌博，社会恶习诱惑了年轻的心灵。水果贩子也通过博弈的方式来出售他的水果，他给顾客一个盒子和骰子让后者押注，顾客先扔骰子，赢家拿走水果和钱。抽彩售货是深受大众喜爱的一种交换方式，各种食品都可以通过这种方式交易。恶性在不知不觉间就占了上风，有的赌徒甚至会押上老婆孩子

骨牌、骰子和纸牌是赌博的主要道具，象棋也很常见。他们的纸牌通常有三英寸长一英寸宽，和我们的扑克一样有黑红二色。长时间的象棋厮杀所产生的悬念和消耗的时间，让赢棋不止是分出胜负，更是一种精神上的胜利。对我们大多数人来说，一场棋可以延期再战。但当中国人偏好于此时，他们就表现出了不一般的勤奋和毅力，成为令人钦佩的棋手。

老英格兰人都熟悉"找拖鞋"这个游戏，中国的"击鼓传花"与此差不多。隔壁房间的鼓一直敲个不停，花束飞快地在人们手中传递，谁碰巧在鼓声停止时拿着花，就要多喝一杯酒或掏钱请人帮自己喝掉。在中国的底层百姓中最流行的还是猜拳，"两人相对而坐，同时伸出手指，口中报一数字，猜双方伸指数目的总和。拳头是零，大拇指是一，

拇指和食指是二，以此类推。每个人都知道自己比划的数字，因此猜中的几率在零和五之间。"这是西塞罗提到的他办公室的消遣方式，评论家梅兰克森描述道："猜拳者出手速度要快，每只手出几根手指随意，但同时要猜出两人的数目总和，猜中者胜。在黑暗中猜拳的时候，目光锐利和满怀自信是必不可少的。"当猜拳风靡罗马的时候，罗马人称它为"摩罗"，住在台伯河对岸的下层民众沉迷其中，不可自拔。

还有一些其他国家常见的赌博方式，满清官员最喜爱的斗鸡可能是从马来人那里传来的。同样残忍的还有斗鹌鹑和斗蛐蛐，训练这些动物给很多人提供了就业机会。人们对这种没有任何价值的竞技高度关注，兴致高涨。鸟儿们穿着矩铁，比赛的结果是一方或双方的伤亡。获胜的鸟儿被出售或用来抽彩，很多人都想成为它的主人，下巨额赌注或当场买走。中国人研究各种好斗的动物，他们发现有一种蟋蟀好斗成性，并以此而臭名昭著。把两只小蟋蟀放在一个罐子里，主人用麦秆激怒他们，它们怒不可遏发疯般地攻击对方，给旁观者带来莫大的快感，给主持赌局的庄家带来可观的利润。

"日月奇观"剧景

　　哑剧、木偶戏或滑稽剧始终是天朝国民最喜爱的娱乐，而真正的戏剧却不被重视。演员过着漂泊的生活，从一个城镇辗转到另一个城镇，在方便之处或引人注目的地方竖起篷帐。一个离地有八英尺高的舞台平地而起，舞台上有许多木桩支撑着弧形屋檐，观众从三面都可以清晰地看到舞台，对面支撑起独立的包厢供权贵和付钱的观众看戏。包厢和舞台中间的露天场地留给普通百姓观戏，包厢的布局方方正正，前厅的座位供小姐太太们专用，其他的给男宾们，有时也能看到群星拱月般的满清官员，备着点心烟管，邀请邻座的看客一同享用。

　　露天看戏的平民百姓没那么多规矩和仪式，无论出于哪种目的来看戏，自由入场这一条就可以吸引大量的观众，人多到挤不下，有两种力量能对这种拥堵起到作用，一个是外面人群的拥挤，一个是里面衙役的板子，谁不听话就一板子打下去。戏台下通常站有管事，当外面的人实在挤得厉害，让人都看不成戏了，衙役便会严厉地惩罚闯入者，力量足以推倒移动的人群，但人们的肢体力量、主动性和渴望看到舞台的心情会阻止这样事件的发生，并将两股相反的力量转变成势均力敌的摇摆。

最受欢迎的一个滑稽剧是南方各省的戏班子表演的"日月奇观"。一位看过戏的西方"蛮夷"描述道："第一幕是天国居民的欢乐美好景象，有太阳、月亮和各种元素，都以稀奇古怪的拟人方式呈现。扮演太阳的男人拿着太阳圆盘，扮演月亮的女人手上拿着月牙。演员们小心地移动，模仿着天体间沿轨道运行时的分聚。雷霆君手持斧头，跳跃前冲，翻跃各种跟斗。几轮之后，皇上经过山神的指点，找到了快乐的住所，他开始觉得没有什么好运气能让凡夫俗子的脆弱生命免遭种种厄运。一个邪恶的大臣身披虎皮装扮成老虎，冲进女人的闺房，吓得她们六神无主，然后把太子扔进了护城河。姐妹们赶紧去面圣，扑倒在地，报告了这一悲伤的消息。丧子的皇帝悲痛欲绝，决定退隐，并任命了继任者。在一位狡猾女人的影响下，他选择了一位年轻人，明眼人一眼就能看出他是个傻子。加冕仪式刚结束，这位悲伤的皇帝就驾崩了。傻子黄袍加身，但是却并没有为他的晋升感到欣喜，而是用最冗长的诗歌哀叹他的命运，他感到自己能力不足，哭道'天啦！我该怎么办！'他的举动如此可怜，加上实实在在的滑稽，令观众一时不知该哭还是该笑。那位大臣杀死了太子，气死了皇上，接着轻易而举地操纵新皇帝，开始了通敌叛国的行为，之后国家就陷入了内忧外患的境地。"

肇庆府的峡山

在广东西部地区有一片广袤的山脉，这里是许多江河的发源地，也是很多珍稀矿藏的所在地，还是众多珍贵木材的天然苗圃。这片高山地区的悬崖峭壁突兀险峻，在某些地方它们似乎完全就高悬在河床上方。山脚受到河水的长期冲刷，岩洞露了出来，即使正午的阳光也无法穿透，石灰岩洞神奇美丽，只有借助反射光才能看到。

肇庆府以东十英里是著名的西江关口，附近有三条河汇聚，形成了宏伟的商业水道，通过这条水路保持与广州通商。传说峡口高处曾经发生过一场有名的血腥战斗：三国时期，这一地区交给吴国交州刺史步骘治理，遭到了衡毅和钱博的顽强抵抗，后者在峡口高地上被无情地屠杀了，血染的江水流经广州城，见证了这场最后的决战。这场战斗结束之后发生了一件奇事，一群羊奇迹般地变成了石头，这是战败方的保护神所为，好让胜利者受挫挨饿，羚羊峡也因此而得名。

峡山地区不仅风景如画，大自然也赐予它最丰富的物产。这个像莱茵河一样的大河两岸，空地都被见缝插针地利用上了。富有的矿主或林场主住在最受青睐的小岬角上，他们手下勤劳的工人则住在山坡上。有些居民（尤其是运输当地矿石或木材到广州的人）长年生活在水上，一个牢牢绑在一起的粗糙木筏就是整个水上村庄的安身之地，住户既不拥有其他住处，也不寻求别的家。

这里矿产丰富，有银矿、锡矿、铁矿和煤，还有金矿、水银和宝石，还有锡镴和铜。许多不同的宝石开采于此，有的为深紫色、有的是红色带紫色条纹、第三种是蓝紫色，这些宝石经过精心研磨后可以卖高价。除了矿产，这里有着各种热带水果，产量丰富，还有黄花梨和铁木。英格兰人非常欣赏的孔雀也是峡山土生土长的动物。但是丑陋的猴子和一种毒鼠也生活在这片天堂般的土地上，它们见动物就进攻，咬伤足以致命。河流中到处都是一种类似于英国水獭的动物，但更为凶狠，如果有牛羊或家禽滞留河岸，就会遭到致命的袭击。

五马头

北江发源于江西大茅山下，流往虎门，两地距离有 350 英里，河两岸变化无穷的风景令人赏心悦目。由于河流的长期冲刷，在一侧的石崖间冲出了一条航道，与另一侧的石灰岩仿佛要挨到一起，形成了一个高耸的拱形洞穴可以供通航。在这片阴沉、深邃、黑暗的峡谷中，幽暗并不是最令人不安的。由于河岸自身极不稳定，石灰岩从悬崖上往下掉，年复一年阻塞了河道，危及到通航。万一船只在某些地点触礁沉没，因为两边都是长达数英里的悬崖绝壁，根本不可能逃得出去，即使最专业的游泳运动员也无能为力。在一个叫做"五鬼把门"的地方，能看到不少倒霉船只的残骸。远处出现一座座美丽的山影轮廓，松林覆盖的山峰吸引着领航员的注意力。近处略低的山顶上覆盖着浓密的灌木林，其间散落着一丛丛山茶花。山谷中有不计其数的小屋，周围栽种着烟草。这是北江沿岸的景色特点，这种独特风貌与北方的主航道区别很大。

北江在潮州附近继续保持着严峻的风格，展现着险峻贫瘠的地貌。潮州是二线城市，下辖六个三线城市，北江就位于东河和西河这两条可通航河流的交汇口。矿区的贸易繁荣兴旺，一派勃勃生机的景象。城市的交通主要靠渡船往来兜客，而且都是女性摆渡，这些吃苦耐劳的女人外表不如其他地方的女人好看，也不像她们那样受人尊重。在中国，值得尊敬的女性都不在公开场合抛头露面，更不可能拥有基督教女性那样的自由。河对岸的城镇通过舟桥连接潮州府，舟桥中间的那艘船是移动的，可供船只通航，也可以阻止陌生船只。

五马头对面的山峰非常陡峭，怪石嶙峋高悬于空中，人要沿着岩石上凿出的阶梯才能登上最高的山峰。峰顶上有古代建筑的残迹，建筑规模和特点不值一提，却留下了一个传说。几千年前，一个名叫鲁祖的和尚在这里修建寺庙，并在寺内苦修而备受推崇。其修行方式可谓闻所未闻，据传这位可敬之人身上戴着镣铐，镣铐使其肉体受伤溃烂生蛆，每当蛆虫从身上掉下去，他马上又把蛆虫捡起来放回原处，说"这里还有一点肉可供食用"。

虽然一直有香客们遭到寺僧抢劫虐待的传闻，而且听起来比鲁祖的故事更为可信，但朝圣者们还是络绎不绝地前来拜访。

从山上看去，山下肥沃的低地毗连河岸，看起来像一根细细的银线沿着山谷蜿蜒而下。飞来峰是这里最高的山峰，这座山峰因山顶的废庙而得名，据说这座庙是由法师用魔杖一夜之间从北方某个省凌空运到这里的。

尽管比起南边山脉少了些景致，却呈现出一些饶有兴致的特点。这里山势崎岖，贫瘠的土地无人居住，山体表面颜色多样，鲜艳醒目，山脉的沙石与乌黑的煤矿形成鲜明对比。沙石剥蚀，散落在山丘附近的土壤里。中国有大量宝贵的矿产，世界上大概没有哪个国家的煤矿数量和种类可以超过中国。北直隶省发现的状似浊煤的石墨，在扬子江沿岸的城镇都有售。鄱阳湖附近到处都有褐煤。在五马头有一种富含硫磺的矿物，这里的贸易主要靠它，矿工不是垂直进入山体，而是从坑道进入，矿石用车拉出来。很可能用不了多少年，中国的历史就会因为其人民的辛劳和超凡模仿能力而改写，大运河上也会像北美洲一样有大量装备充足的蒸汽船通航。

英德煤矿

　　中国许多地方产煤，不过都达不到梅岭山脉的程度。梅岭山脉毗邻广东省北部，北江流经这条山脉，在岩石间硬生生冲出一条河道，人们采煤并用船向下游装运。产煤区一般都比较荒凉，尽管英德煤矿建得大气磅礴，但还是显得荒凉。选好矿址后，矿主将周围的松树砍掉，只留下矿工们居住的小屋和买办的办公室。由于能打工挣钱，这里聚集起了稠密的人口。人们将房屋修建在山顶上，偶尔也会修建在平地上。由于没有机械辅助，当矿井深到不便行动或井坑中蓄水之后，就不能再通过竖井将煤开采到地面，最有效的工作模式是将矿井的平坑开凿在悬于河面的岩石上，这样方便将水排出，矿工进出矿井也很容易，还可以将煤炭从井口直接装运到驳船上。一大队驳船在英德煤矿的井口下方排队等

候装煤，一些驳船直接停在平坑入口的下方，另一些则在很长的台阶下等候，台阶一直通向山丘高处的竖井口。运煤车在由人工开凿出来的岩石阶梯上不停地上下运动，将开采出的煤炭运到下面的驳船上，然后再返回去装下一车煤。装车时没有任何机械设备，矿工们唯一的工具就是担在肩上的扁担和两个竹筐。中国发现了化石煤、烟煤和石煤，最后一种似乎最为普遍。煤要运到各地去烧焦，然后才能使用。煤粉加上泥土，合成混合物，可供百姓烧火做饭。在威尼斯旅行者马可·波罗时代，这一宝贵的矿物已为中国人所熟知，但他们似乎并没有将其应用于生产制造，马可·波罗写道："那里发现了一种黑色的石头，是他们从大山里挖掘出来的。这种石头在燃烧的时候像木炭，但其燃烧的时间远远超过木头，人们在夜晚将炭火存储起来，到了早晨还看见它在燃烧。这些石头只有在点燃之后才会冒出火焰，着火之后会散发出巨大的热量。"

迎春赛会

中国有民族特色的娱乐，一般都伴有某种迷信活动。按照他们的信条，尘世中的每一个重大事件都会用来喻指天体的某一变革，但天空中出现的某种现象其实只是宇宙中某种周期性的变化。他们对于行星的轨道知之甚少，却非常重视太阳和月亮的运动，并且十分热衷于对这两个星球的崇拜纪念活动。当太阳位于水瓶座第十五宫，即农历二月初二，按照习俗要组织游行迎接即将到来的春天。节日到来之前，虔诚的人会去参拜各地的佛寺、道观、孔庙和宗祠，不太迷信的人会利用这段时间去拜亲访友或结伴游玩，狂热分子则完全投身于迎接春季来临的欢庆活动之中，他们用十天依次祭拜鸡、狗、猪、羊、牛、马、人、粮食、大麻和豌豆，其中人庆节和水牛节更隆重一些。

水牛节这一天，大家在商定的地点集合，游行队伍浩浩荡荡朝着一处土地庙进发，受到这一地区主要官员的迎接。所有参与者身上都装饰着丝带与花环，一些人带着鼓、锣、唢呐之类的乐器，另一些人则举着横幅、打着灯笼或拿着大型果实的象征物。男孩子打扮成羊怪或农神，坐在粗糙的祭坛或树枝上，由轿子驮着走来。小女孩打扮成山茶花的模样，比喻茶叶种植，以女性来烘托茶叶的实用性和鲜花盛开之美。队伍中抬着的一只巨大的由黏土制作或在竹制框架上糊纸做成的水牛，由一些穿着彩衣的壮劳力抬着。一支游行队伍中有上百张轿子属于平常，轿子上载着男孩、女孩、水牛的肖像或圣人的肖像。抵达寺庙门口时，头一天就已等候在那里的师父会迎上前去，他的身份是春天执事僧，也是这一地区的临时最高长官，他会在行使权力的十天时间内严格执行总督的命令。他穿着华丽的衣服，站在刺绣精美的伞盖下向众人发表演讲，歌颂春天并介绍畜牧业的起因，然后用鞭子朝着水牛的图像抽三下，算作耕犁劳作的开始，这也是大家采取行动的信号。之后众人开始朝着水牛投掷石块，水牛被砸得散了架，从肚子里掉出一些小的画像来，于是众人便开始争抢那些小画像。迎春队伍继续前往各庙宇，在每一个庙门前停下来，乱哄哄地进行游行表演。

人庆节的仪式和上述情况差不多，由政府提供抬轿的人、坐轿的人和雕像，人们抬着雕像到处游行。雕像被崇拜为"年度之神"，暗喻中国人所指的六十年人生周期。在巴勒莫也有一个叫"圣罗萨莉亚胜利日"的节日，就其奢侈和安排而言，酷似中国的迎春节日，但主题却完全不同。古埃及的"神牛节"在各方面都很像中国人的二月二。

香港竹渠

    没有哪个地方能像香港这样，虽然面积狭小，却拥有很多田园风光。女王城后面的乡间幽谷纵横，平地宽阔，巨石林立，参天大树从石缝中汲取了充足的养分。林木丛生的峭壁从周围的稻田中拔地而起，岛上处处产业兴旺，风景秀丽。溪流从一处狭窄的谷口缓缓地流向大海的怀抱，巨大的花岗石屹立于海平面上，整齐高耸，像一件艺术品，葱郁的树木更是给这幅珍贵的画面增值不少。此番陡峭、崎岖、突兀的景象，与周围的耕种画面形成了鲜明的对比。惯于劳作的中国人深知，这块寸草不生的石头不仅可以作为庇护和点缀，还可以支撑起沟渠将水引出峡谷来灌溉远处干旱的平原，这充分证明了中国人的坚韧不屈，匠心独具，善于因地制宜和就地取材。

香港地势起伏，气候闷热，土地稀缺。针对这种地理情况，香港鼓励人们在峡谷中种植树木。峡谷之中错落着美丽的村庄，树阴多多少少减轻了热带阳光的毒辣炙烤。正是这一份任何国家都无可比拟的勤劳，将这一片贫瘠的土壤变成了肥沃的土地。为了农业耕作，人们发明了竹渠。东亚地区的人普遍了解这种植物的价值和功用，所以即便有其它原材料，他们也还是会选择竹子。

竹子是一种美丽优雅的植物，它中空、浑圆、笔直，茎上每隔十或十二英寸就有节，分枝互生，矛状叶子，有时能长到四十英尺高。竹子生长在东西半球的热带地区，在东半球生长更成熟，因而备受喜爱且用途广泛。如插图所示，把竹杆钻孔后即可导水。结实的部分可用来做桩，给篱笆打围，或者用作轿子的轿杆。在东方国家，常见主人坐在轿中，由仆人抬着走。竹叶可用来铺在茶叶周围，从中国出口欧洲。树的嫩枝卖到英国做成人们最喜爱的手杖。马来人用醋和辣椒腌制嫩竹笋，佐以其他食物食用。竹子还可以用来做篮子、箱子或漂浮在水上的竹筏。中国商人航行时都装备竹制救生用具，用四根竹竿横竖交叉制成，中间部分套在身体上，腰间绑上，头伸出来，是推荐给水手的最好工具。竹子的优点还不止于此，它还可以用来做桅杆、竹竿、船帆、电缆、绳索和捻缝，甚至在有船员不服从指挥时，还可作为老大平息矛盾的工具。

竹子的用途很广泛，它可用来装饰皇家花园或遮盖农舍屋顶。手推车、独轮车、水车、装粮的麻袋以及各种其他物品，都少不了竹子。这种美丽的植物既可做成水管在岭间穿梭，亦可作为陆上连接的优雅桥梁。在爪哇，桥都是竹子做的，在竹桥上铺一层竹席。竹子重量轻，有弹性，看起来不太安全，但事实上，即便用再贵重的材料建桥，也经不起溪水浸泡和暴雨冲刷，而且不如竹桥易于维修。

在中国，竹子被广泛应用于建筑、农业、航海、手工业甚至食品。竹子在家里用起来也是一样方便。中国人家中几乎各种家具都可以用竹子来做：椅子、桌子、屏风、床架、寝具、纸和各种厨具。

澳门妈阁庙前庭

葡萄牙人对澳门的占领或名义上的管制微不足道，与葡萄牙人比邻而居的中国人在这里还保留了一座帝国建筑最杰出最受人尊崇的优雅的妈阁庙。较之大多数中国寺庙，该庙建筑设计更简明，实施更完善，也没有那么古怪。妈阁庙依山临海而建，位于错杂的古木和纵横的岩石之间，庄严优雅的古庙和周围景致融为一体，显得优雅和谐，令人赞叹。

妈阁庙坐落在澳门西北方约半英里的地方，沿着大路走过去，尽管路况不佳，但内港的风景和拱北岛的青山极为赏心悦目。从隐蔽的凹处看不见寺庙，直到踏上一处宽敞的阶梯，游客才能看见妈阁庙。庙前有两根高高的旗杆，对不熟悉这个地方的人来说，这就是个精确的地标，旗杆顶以皇家标准在旗杆上正方形的框架中装点着三个十分醒目的金球。还有三块石头纪念碑，上面刻有名字、头衔、颂词和其他祈祷文。过了纪念碑有一片开阔的空地，空地一侧是妈阁庙的正面，另一侧是港湾，澳门半岛便伸进这个港湾里。这幅图的前景描绘的是一些宗教信徒以及兜售各种商品的摊贩、变戏法的、卖唱的、水手、士卒、官员和乞丐等中国庙门前常见的景象。这座妈阁庙的特点非常鲜明，其魅力不在于它的壮丽或崇高，而在于它众多的细节都处理得精密而准确，难以超越。在这个广袤的帝国，再难找到一个将众多特征都浓缩在如此狭小空间的例子，建筑、岩石、从岩石中长出的树木佐证着园林设计的鬼斧神工。一个类似欧洲古代圣殿的围合结构把墙壁与布满粗糙岩石的环行道连接起来，形成了一个围场。矮墙上有一道栅栏，用窗花格装饰，并用乐器、画具和武器点缀，试图讲诉一个连续的故事，一个小孩坐在比他大四倍的没有明显特征的动物身上上，由一个德高望重的男人照看着，后面跟着两个打伞的女人，而长着怪角的魔鬼正在极度不安地逃走。另外还有一组装饰表现了寺庙的落成典礼以及许愿行为。

山门有五个独立结构，正中的最高，两边依次递减，装饰也和中间的有所不同。精美的飞檐屋脊支撑着华美的琉璃瓦顶，上面雕着一艘小船，还雕刻有各种有明显民族特征的图画。飞檐下有两个长方形的镶板，四周刻着宝石花，上一块板子上有各种奇怪形状的浅浮雕，下一块刻满了经文，下面这块板上开了个大的圆形窗口，看起来像是从一块整石上切割出来的。刻着铭文的壁柱把中间和两边的建筑分隔开来。两边的建筑也是琉璃瓦顶、帆船、大飞檐和刻满铭文的牌匾，都有大型雕刻镶板，虽然这证明了工人的辛劳和毅力，但是既不美观，也无法辨认，让人怀疑建筑师原本的目的可能是想证明勤劳勇敢要高于天份，值得肯定的是他留下了他的艺术作品，没有人敢于模仿。

妈阁庙

　　西方传教士认为，佛教僧侣的生活习惯与罗马天主教堂有颇多相似之处，他们有些人有着无可挑剔的学识，但却没有与之相称的表达能力。澳门有罗马天主教会，妈阁庙比其他寺庙更接近基督教修道院的生活，但是他们又分辩说自己与外来者完全无关。看过妈阁庙的宗教仪式，欧洲人会情不自禁地认为，二者在服饰装束、生活方式、礼拜形式和其他方方面面都太像了。澳门有一个大型的僧侣机构，也是和尚们的住处，经常有僧人身着简单的罩袍出现在我们视野中，他们主要靠善人的捐款为生。他们的住所可不像他们的衣服那样简朴，墙面布满砖石雕刻，飞檐点缀其上，偶有着色绘画，显得富丽堂皇，显然奢侈的生活并没有远离他们。

进去以后会发现，里面的优雅景致和完美风格与主体建筑一般无二，构思巧妙且制作精巧的动物雕像放在两侧，后面就到了寺庙主殿，所有的仪式都会在这里举行。主殿正面是一个巨大的圆门，正对圆门的是一个高高的祭坛，阳光照在面目狰狞的神像上，很难说他们的崇拜者是可怜还是可笑。除了这些数量众多、大小不一、姿态各异的神像外，周围还有数不清的珍稀古玩让人目不暇接，分散了来这里求神拜佛的人的注意力，他们很难专心完成他们的祭拜。墙壁装饰得像军工厂一样，挂着刀枪剑戟、鼙鼓铜锣和五花八门的战旗。屋顶悬挂着各色灯笼，还用金属钩挂着彩条或各种颜色缎带编织的花环。和尚们一直陪着来许愿的香客，他们的任务就是卖给香客红色的纸签，上面写着经文或者香客给菩萨许的愿。这是一项他们饶有兴致且有利可图的工作，香火络绎不绝，给寺庙带来了相当可观的收入。香客来到主祭台边，借香火点燃红纸签，然后跪倒在菩萨脚下，念念有词地乞求帮助或保护。旁边有一扇开着的小门，门旁站着许多无所事事的和尚。门后有一条长长的通往饭堂和僧寮的走廊，外人不得入内。

顺着楼梯可以进入一个小一些的广场，周遭的景致同样令人赏心悦目，前面有一个宽阔的平台，靠海的那边有石栏杆围着，上面雕刻着大量的警句箴言。再往前，在纵横突兀的岩石中兀然出现一座小庙，里面有一尊佛像，佛像上悬挂着一个大灯笼，看起来别有一番景致，上覆琉璃瓦，有几分意大利飞檐和装饰的味道，庙前有一个圆形空地，正对窗户处有一个六角型台座用来摆放香客的供奉，来这里的人比主殿的要少得多。这处小庙堂的周边风景如画，特别受中国人喜爱。附近是一片海，小庙就建在岩角之上，建筑与自然交融在一起，完全符合中国人的艺术审美。但这地方太过隐蔽，因此无人涉足，亦无人声，只有庙中僧人孤苦伶仃地静静打坐，他得去旁边的庙里才有机会向香客递上一根香。

澳门贾梅士洞

　　贾梅士是葡萄牙的著名诗人。在澳门众多有趣的纪念馆中有一个贾梅士洞，这是一座耸立在悬崖边的简陋的寺庙，俯瞰着环抱澳门半岛的大海及对岸拔地而起的群山。岩石上的小亭子里有诗人的半身像，假如游客不熟悉诗人的大作，那么他们会高兴地得知"贾梅士的名作《葡国魂》大部分是在这里写的"。

　　有一些伟人，他们所处的那个时代抛弃了他们，只有在死后他们的价值才为世人所欣赏，本该装点他们神殿的桂冠如今只能摆在他们的坟墓前。路易斯·贾梅士就是其中一例。贾梅士 1524 年出生在里斯本，父亲是个船长，他就读于科英布拉大学。读完大学后，他回到了里斯本。

在这里，他疯狂地爱上了一位宫廷贵妇凯瑟琳·达泰德。由于这段感情纠葛引发事端，最后被流放到圣塔伦。天才多激情，昔日里斯本的狂热情人如今成了圣塔伦的快乐诗人，在这里，他文思泉涌，哀叹破碎的希望所带来的痛苦。他的抒情诗作品在数量上与但丁、彼特拉克、阿里奥斯托和塔索的不相上下，因为他的诗歌是由爱国主义情感所激发，为他的祖国所蒙受的冤屈哀叹，所以显得更悲伤。绝望死死攫住一颗敏感的心灵，如今他成了一个士兵，效力于葡萄牙军远征摩洛哥，战斗间歇他还在写诗。危险激发了天赋，天赋具化为勇气。在休达战役中，一枝利箭夺去了他的右眼。1553年他去了印度，在果阿登陆，离他父亲三年后遭遇船难的地方不远。起初，他受到旅居印度同胞的激励，想谱写长篇叙事诗歌颂他们，但一个诗人和爱国者活跃的思维受到限制，贾梅士厌恶印度政府的残忍暴行和背信弃义，于是写了一篇讽刺作品加以鞭笞，这导致他被放逐到澳门。他被任命为当地的法官，但这不过是流放的好听一点名字罢了。在澳门那些年，他没有参加任何社交活动，沉迷于充满东方魅力的自然之中，休闲之趣在他的作品中处处可见。

贾梅士以达伽马远征印度为主题，用很多年时间谱写了《葡国魂》。这部不朽之作中最著名的章节是"伊内兹·德·卡斯特罗"和阿达玛斯特的出现，后者凭借他胜过风暴的威力，阻止达伽马第二次通过好望角。诗人将基督教和神话混为一谈，因为这就是那个时代的大众口味。为了迎合大众口味，该书模仿古代经典作品，结合华丽的诗篇描写，非常明快，很有创意，但也有遗憾，因为时尚本可以在各个方面塑造他的天赋特征。《葡国魂》的诗律是如此的迷人和谐，有教养的人和普通民众都能领略其中的魅力，都能铭记于心，并吟诵出最喜爱的章节。这首伟大诗歌的字里行间流露出真挚的爱国情感，以各种形式、各种创作色彩歌颂葡萄牙的荣光。由于以上种种原因，贾梅士的《葡国魂》由他的同胞声情并茂地朗读，不遗余力地牢记。如今，当青春褪去芳华，身体的活力开始衰退，嫉妒停止了它的恶作剧，这位葡萄牙人引以为豪的诗人和爱国者才会被人想起："他生根的洞穴，在遥远的岩石旁，四周的一切，

安抚着他的灵魂。"

　　贾梅士登船驶往欧洲途中，厄运如影随形。在交趾支那的湄公河口遭遇了海难，他奋力游到岸边，避免了重蹈父亲的覆辙。失事后，他身边留下的唯一财产便是他的手稿，他一只手把诗稿高举过头，另一只手在浪涛中奋力划动，跟尤里乌斯·凯撒当年在高卢之战中从亚历山大港游到海湾的小巷一样。这次死里逃生后，贾梅士到达了果阿，新的悲伤在等待着他，在这里他因为欠债而身陷囹圄，最后由朋友担保才获释。长时间的流放让他遭受了极大的痛苦，在呼吸到祖国自由空气的那一刻，皇室的支持给了他极大的鼓励。年轻的国王塞巴斯蒂安对他的诗歌颇为欣赏，并对诗人产生了兴趣。对非洲摩尔人的一次远征即将启行，国王亲自挂帅，希望贾梅士把《葡国魂》题献给自己，因为他比其他人更明显地感觉到了作者的天赋和冒险精神，并把贾梅士一起带到了荣誉的战场。塞巴斯蒂安达到了他的目的，1578年他在阿尔卡萨尔城前的战斗中光荣倒下，而贾梅士在失去国王的同时也失去了一切，因为随着国王的死，皇室和葡萄牙的真正独立全都不复存在了。贾梅士再次回到祖国，举目无亲，贫困潦倒，又招人嫉恨，他眼睁睁看着每一个供给之源枯竭，每一条救助之路关闭，每一道希望之光熄灭。贾梅士成了贫穷和痛苦的牺牲品，只有一个奴隶在他遭遇不幸时仍然对他忠心耿耿，通过沿街乞讨来养活他的主人。在这种情况下，他依然创作抒情诗篇，其中一些包括了对忽视文学价值的伤感抱怨以及对公共捐赠人的忘恩负义。因为他的印度奴隶再也无法支持他的生活必需和缓解他的病痛，靠皇室赞助他获准进入里斯本一家大医院，在那儿贾梅士悲惨地与世长辞，享年六十二岁，离塞巴斯蒂安国王去世刚好一年。十五年后，人们为他建起了一座宏伟的纪念碑，他的作品被翻译成欧洲各国语言。

从香山要塞远眺澳门

澳门的地理环境与其说是险峻，不如说是美丽，环绕着澳门半岛的嶙峋山峰俯瞰着这座城市，海水冲刷着蜿蜒的山脚，这片水域适合重负荷船航行。它的政治环境始终呈现出一种历史反常。葡萄牙冒险者长期游荡于东方海域，偶然登上了中国海岸，通过贿赂、物物交换和野蛮暴行，获得了某种承认。大约在 1537 年前后，葡萄牙人获准在澳门定居，他们不是作为一个独立的社群，而是与当地人们住在一起，并且是在他们行为得体和皇帝龙颜大悦期间。起初，他们同意为这段时期的商务居住付一笔高额酬金，因为他们对生意兴隆的期待值很高。但是在努力为自己和西班牙人争取在中国的贸易垄断权时，他们的吝啬对投机产生了毁灭性的影响，最后皇帝同意每年只收他们 150 英镑这样少得可怜的一点地租。

澳门坐落在一个半岛上，长三英里，宽一英里，其中一侧弯曲成了一个美丽的海湾，对面一侧稍稍向海凸出。在岩石隆起的山脊上，在倾斜的山坡上，盖满了教堂、修道院和角楼，就像我们在欧洲看到的一样。一道狭窄的沙质地峡把半岛和香山高地链接了起来。香山的山顶上修建了要塞，让谦卑的定居者有所敬畏。一道有城垛的围墙把基督徒和佛教徒分隔开了，据说这是为了阻止天主教神父的出入，他们拐走中国孩子，想要他们皈依救赎的信仰，想要他们信仰天主，这种方法的确欠妥。葡萄牙人是出了名的刻板严谨，而中国人擅长搞分离，这一来反倒让人觉得所谓拐骗儿童的指控纯属捏造，只是造这道防护墙的一个借口而已。主事的满清官员常驻澳门，以此证明葡萄牙人土地使用权的性质，并通过偶尔对基督徒停止生活供给而强加居住条件给他们，比如禁止建造新房和修缮旧房，视察葡萄牙人的要塞以确保他们没有额外的兵力，卫戍部队不超过四百人。没有许可，违反任何一条都要受惩罚。实际上葡萄牙人也无法偷偷地达成任何一个目标，所有的手艺行当都得交由中国人来做。

葡萄牙在澳门的行政官包括一位军事总督、一位法官和一位主教，每人年薪六百英镑。鉴于他们所做的事无关紧要，这笔钱还是相当可观的。当地居住着大约三万华人，只受中国当局管辖。混血儿（包括母亲是马来人的葡萄牙人）以及各个阶层的外国人，总共不超过四千人，名义上由葡萄牙总督管辖，然而这一权力常常显得十分微弱，当地的老爷们有时会命令所有外国人在接到通知后几小时内撤出，否则就没收财产，失去自由。基督教在此地唯一的营生就是贸易，但是却经常遭到限制，以至于澳门的教堂里常常没有香客，住处没有租户，海港几乎被废弃。

(京)新登字083号

图书在版编目(CIP)数据

百年前的中国/(英)托马斯·阿罗姆著;宗端华,黄曦译.
—北京:中国青年出版社,2016.7
ISBN 978-7-5153-4404-1

Ⅰ.①百...　Ⅱ.①托...②宗...③黄...　Ⅲ.①中国历史—通俗读物
Ⅳ.①K209

中国版本图书馆CIP数据核字（2016）第174873号

出版发行：中国青年出版社
社　　　址：北京东四十二条21号
邮政编码：100708
网　　　址：www.cyp.com.cn
编辑电话：(010)57350508
责任编辑：宣逸玲 xuanyiling@126.com
门 市 部：(010)57350370
印　　　刷：三河市君旺印务有限公司
经　　　销：新华书店

开　　　本：700×1000　1/16
印　　　张：15
插　　　页：2
字　　　数：150千字
版　　　次：2016年8月北京第1版河北第1次印刷
定　　　价：45.00元

本图书如有印装质量问题,请凭购书发票与质检部联系调换
联系电话：(010)57350337